藤本頼生
國學院大學教授
Fujimoto Yorio

現代「神道」講座

寛容と共生のこころ

佼成出版社

はじめに

世界中で感染が拡大した新型コロナウィルスの疫禍から四年目が過ぎようとしている。世界的な規模での感染拡大もようやく沈静化しつつあり、日本国内でもコロナ禍以前へと徐々に日常生活が戻りつつある。このコロナ禍を経て、私たちは、近年多発する大規模な風水害なども含め、あらためて対処が難しい自然災害や未曾有の病禍といかに共生してゆくかが問われる時代となった。

歴史を振り返れば、我が国では、こうした災禍の厄難に対し、古から神々への祭祀と信仰を通じて災禍の鎮静を祈り、地域全体や個々の心の安寧を図ってきた。この先駆ともなるのが、『古事記』中巻の崇神《すじん》天皇の条にみられる神々の祭祀の話であり、『古事記』には、次のように記されている。

此の天皇の御世に役病《えやみ》多《あま》た起りて、人民《おほみたから》尽《つ》きむと為《し》き。爾《しか》くして、天皇の愁《うれ》へ歎《なげ》きて、神牀《かむどこ》に坐《いま》しし夜に、大物主大神《おほものぬしのおほかみ》、御夢《みいめ》に顕れて曰《い》ひしく、「是は、我が御心ぞ。故、意富多多泥古《おほたたねこ》を以て、我が前を祭らしめば、神の気《け》、起らず、国も、亦、安らけく平らけくあらむ」といひき。

（中略）是に、天皇、大きに歓びて詔はく、「天《あめ》の下平《したたひら》ぎ、人民栄えむ」とのりたまひて、即ち意富多多泥古命を以ちて神主として、御諸山《みもろのやま》に意富美和之大神《おほみわのおほかみ》の前を拝き祭りき。

また伊迦賀色許男命《いかがしこをのみこと》に仰せて、天の八十《やそ》びらかを作り、天神地祇《あまつかみくにつかみ》の社を定め奉りき。又、宇陀《うだ》の墨坂神《すみさかのかみ》に、赤き色の楯矛を祭りき。又、大坂《おおさか》神に、黒き色の楯矛を祭りき。又、坂の御尾の神と河の瀬の神とに、悉く遺し忘るること無くして、幣帛《みてぐら》を奉りき。これによりて役《え》の気悉く息み、国家《くに》、安らけく平けし。

（書き下しは『新編日本古典文学全集1　古事記』［小学館］に基づく）

この話は、古代に多くの民を死に追いやった疫病の災難を大物主大神の祟りが起こったものとして、これを鎮めるために崇神天皇が大物主大神（御諸山＝三輪山を御神体とする大神神社の御祭神）を祀らせたことで、疫病は静まり国内は平穏になったというものである。

現代的な医療の無い古代において、まさに疫病という病禍の厄難に神々への祭祀を以てその対処の一つと為した日本人の知恵の一端を伝承として示したものといえよう。この話にある「大坂の神」は、現在の奈良県香芝市逢坂の地に祀られた大坂山口神社と比定され、古代の大坂越えの峠の道にほど近い地に鎮座している。この話には、天つ神や国つ神を祀る社を定め、坂の裾の神や河の瀬の神に至るまで、すべて漏れることなく神への供え物である幣帛を献上し、神を奉ったことで疫病が止んだという伝承も記されている。このコロナ禍のなかでも社寺へ参拝して病気平癒や厄難除けの神符や護符を求める人々の様子が多く見られたが、このような現代の人々の様子からも、人々の素朴な祈り、神仏への信仰は時代を超えて、どこか相通じるものがあるといわざるを得ない。

前置きが長くなったが、本書は先に述べたような災害と神社とのかかわりも含め、日本固有の信仰として現代に至るまで継承されてきた「神道」について、現代社会においていかに日本人の生活の中に存在するか、そのあり様を「神社」や「日本の神々」を一つの鍵として著したものである。本書では、神道の持つ「多様性」「多面性」を指摘した上で、日本神話にはじまり、森や動物、酒、菓子、樹木、地名、建築、疫病、相撲、天気、文様などジャンルを問わず幅広い形で神道と日本文化とのかかわりを取り上げてみた。当然、すべての関わりを記せたわけではないが、それぞれの章に記した内容にて神道が日本の社会生活のなかで多様な形で息づいていることが少なからず理解できるものと考えている。

序章とも少し重なるが、本書では小生の恩師である櫻井治男皇學館大学教授の論（『神道の多面的価値』に記された「神道」の捉え方）を一部引用しつつ、次のような点を基底としながら日本人の宗教観や信仰心、考えの由来となっている神道、またその神道が育む共生の智慧と神社が果たしている現代的な役割について記してみた。それは主に、

①神道は、古くからの（日本の）民族信仰として、多面的な価値を内包する「聖なる箱（あるいは自在に様々な文化的価値や宗教思想をも自在にうまく包み込む一種の風呂敷）」のような存在であること。

②神道は日常生活のなかにある宗教であり、その生活態度としては、一つの教えや、唯一の神、あるいは教祖から与えられた言葉（や教典の内容）を鍵としてそれを開くのではなく、すでに開けられている箱（あるいは風呂敷）の中や奥に秘められた共有の価値を見出していく営みであること。

③①や②で記されたような意識や営みのつながりが一つの形となってあらわされるのが、神々への祭り（祭祀・祭礼）という形であること。その祭りの場として自然そのものや社殿という形を中心に存在するのが神社であり、そこで行われる神祭りがそれぞれの神社の鎮座する地域の人々の紐帯（絆）や日々の活力の源泉となってい

ること。

という三点である。この三点をもとに、神道の現代的な役割や現代社会における神道的な事象が日本の文化の基盤に共生している姿を窺おうとしたのが本書の大きな目論見でもある。

本書を読む方々が、各章に綴られた神道・神社にかかわる様々な事象を通じて、ぜひ現代においても日々の暮らしに息づく「神道のこころ」と「神道と日本文化」との深い関わりに思いを馳せてもらえればと思う。また、本書がそれぞれの「個」のあり方が重要視、大切にされる現代社会にあって、その「個」と「個」をつなぎ合わせる共同体の祈りを重要視してきた神道・神社のあり方、役割を今一度見直すきっかけの一つとなればこれ幸いである。

令和五（二〇二三）年七月三十一日

國學院大學教授　藤本頼生

現代「神道」講座――寛容と共生のこころ　目次

【付録2】

カバー写真——伊勢神宮「宇治橋」と大鳥居（撮影・筆者／協力・伊勢神宮）

写真提供・協力——久伊豆神社（61頁、63頁）、道祖神社（107頁）、日光東照宮（131頁・132頁）、天祖神社（157頁）神田神社（178頁）、PIXTA（193頁）、フォトライブラリー（200頁）（他は筆者提供）

図版（29頁、81頁、207頁）——大法輪閣刊『神社と神道がわかるQ&A』内のものを参考に作成。

ブックデザイン——髙林昭太

【凡例】

一、古典の神さまの表記は、原則として『古事記』に準拠した。『古事記』に登場しない神さまについては『日本書紀』を優先とし、次いで各文献名を明記し、それぞれの表記にしたがった。

一、神名の読みは、歴史的かなづかいで表記すべきであるが、一般的読者を考慮して、現代かなづかいに改めた。

一、本文に紹介する神さまのなかで、出典を明記していない場合は、その神さまを祀る総本社の表記に準拠した。

序章

多様性を許容し合う社会

❖神道理解の可能性

学ぶほど諸説あり、多くの答えが価値の賜物

「神道と福祉との関係性を一緒に研究してみないか」という恩師からの何げない一言がきっかけとなり、私が神道の学問研究を志すようになってから、はや二十六年を経た。現在、全国に二校しかない神道系大学の一つである國學院大學の教員を務めているが、神道は学べば学ぶほどに未知のことが多く、まだまだ自身の勉強不足は否めない。さらなる研究の深化を求めて、各地の神社や祭礼に足を運び、種々の史料や書籍、学術論文などと苦闘、煩悶《はんもん》する日々を過ごしている。

神道を学ぶ上での難しさは、学べば学ぶほど多くの諸説があるため、あれも正解、こ

れも正解ということが少なくないことだ。とにかく大半の事柄で、答えが一つでないことが多く、真理が非常に見えにくく、説明し難いこともある。ある意味、神道の持つ多面性、多様性の価値の賜物《たまもの》とも言えるものだが、多くの答えが存在していると、どうしても何が正しいかが分かりにくくなってしまう。

例えば最近、一般の方に問われたことの一つに、「神社の参道は神様の通り道であるので、参道の真ん中を歩いてはいけないという作法があると聞いていたが、神職は祭礼の折に参進する際には、参道の真ん中を堂々と歩いている。これは不敬ではないのか」というものがあった。確かに神様の通り道とされており、真ん中を横切る際は、神職には不敬にならないように頭を下げて歩く作法もあり、問われた方のおっしゃることはごもっともである。

一方、祭礼の際に参道の真ん中を神職が進むのも正しい作法であり、この折は神社に祀《まつ》られる御祭神を敬い祀るための祭祀《さいし》に奉仕するため、御祭神の御神意に沿った形で社殿へと進むための作法に基づく行為であるから、不敬ではない。しかし、一般の人に説明する際に、これも正しいがあちらも正しいということでは、なかなか理解してもらいにくいだろう。

✺ 八百万の神々――自然万物に宿る神仏を祀る

我が国には「八百万《やおよろず》の神々」という言葉がある。自然のあらゆるものに神や仏の存在を認め、多くの神々を大事にして、社寺に祀り崇《あが》めてきたのは、我が国の特徴の一つだ。神社には、一つの社に一柱《ひとはしら》の御祭神だけを祀るケースもあれば、二柱、三柱の神々を同じ本殿内に併せ祀ることも当たり前のようにみられる。極端な事例では靖國神社のように、二百四十六万六千余柱を祀るケースもあり、同社では僅かであるが、その祭神数はいまだに増え続けている。その意味では、まさに八百万神《やおよろずのかみ》という言葉は、あながち間違いではないだろう。

加えて神名（神様の名前）で言えば、出雲大社の御祭神である大国主神《おおくにぬしのかみ》（大国主大神《おおくにぬしのおおかみ》）は、大穴牟遅神《おおなむちのかみ》、大己貴神《おおなむちのかみ》、大己貴命《おおなむちのみこと》、八千矛神《やちほこのかみ》、葦原色許男神《あしはらしこおのかみ》、宇都志国玉神《うつしくにたまのかみ》、杵築大神《きつきのおおかみ》等、数多くの別名、異名を持つ。大穴牟遅神、大己貴神のように同じ読み方であっても異字であるケースもある。これらの異名の神々は同一の神だと考えられているわけだが、実は、日本の神々においてはこうした異名の神の例は大国主神に限った話ではない。

さらに神の性別の話になれば、例えば稲荷神社に祀られる宇迦御魂大神《うかのみたまのおおかみ》は、男神という説もあれば、神仏習合の関係で同じ神と考えられている荼吉尼天《だきにてん》が女神という説もあり一定していない。

神を祀る社殿の形式一つとってみても、奈良県の大神《おおみわ》神社のように三輪山を御神体とするため拝殿はあるが本殿はない社もある。同様に、伊勢神宮の内宮（皇大神宮）の所管社の一つである瀧祭神《たきまつりのかみ》も、古来、社殿のない石神として祀られているが、祭典の折には、荒祭宮などの別宮に準じた取り扱いにて、丁重に祭祀が行われるような社もある。

三重県鈴鹿市南長太《みなみなご》町にある樹高二十三メートル、樹齢千年余といわれる長太の大楠《おおくす》は、近鉄名古屋線の車窓から見える楠の巨木として知られる。この大楠は江戸末期、嘉永年間に著された『勢国見聞集』の名木之部に「河曲郡北堀江村　楠　当村の西の方にあり　是を大木神社と云　式内の社なり」とあり、のちに明治時代に近隣の神社に御神体は合祀《ごうし》されたものの、楠の木そのものが神社として信仰の対象となったケースである。現在も、大楠のたもとにある石祠《せきし》に参詣する人が絶えない。近年、台風や大雨で大小の枝が折れ、大楠の樹勢がやや衰えているのは心配である。

人々がつながり、未来を生きる力を見いだす

第一章をなぜこのような話から始めたのかと言えば、本書のもととなる「共生へ―現代に生きる神道のこころ」という連載において、「私たち日本人の宗教観や信仰心、考えの由来、また神道が育む共生の智慧《ちえ》、神社が果たしている役割」について、わかりや

二見興玉（ふたみおきたま）神社（三重・伊勢市）の夫婦岩。この浜（立石浜）は、神のいる常世の国から最初に波が届くことから「聖なる浜」と称され、古くから伊勢神宮に参拝する前の禊祓（みそぎはらえ）が行われてきた。現在でも同神社を参った後、外宮、内宮の順に回るのが、伊勢神宮の正式な参拝方法とされる。

三重県指定の天然記念物「長太の大楠」は、田園風景の中でひときわ目を引く。明治時代の神社合祀により祭神が遷（うつ）され、御神木だけとなったが、今なお参拝者が少なくない。

すく紹介して欲しいと依頼されたからである。その依頼を受けた際、私はまず、恩師である櫻井治男皇學館大学教授（現名誉教授）が時折述べていた「神道の持つ多面的な価値」という言葉を思い出した。

櫻井教授はその著書『神道の多面的価値―地域神社と宗教研究・福祉文化―』（皇學館大学出版部）の中で、神道は「古来からの民族信仰として、多面的な価値を内包している『聖なる箱』のような存在」であると説く。また、神道は日常性の宗教であり、その生活態度は「一つの教えや唯一の神、あるいは教祖から与えられる言葉を鍵としてそれを開くのではなく、すでに開けられている箱の奥に秘められた共有の価値を見出していく営み」であるとも述べている。この一文の初出は平成七年だが、私はこの言葉に出会った時に大きな感銘を受けた。

櫻井教授の説くように、確かに特定の教義も教典もない神道では、特別な宗教生活を行うわけではなく、一定の教義に基づいた倫理生活を実践するというわけでもない。むしろ神道の宗教的役割としては、お互いの生活を理解し、尊重し合いながら、平穏無事に、そして創造的に暮らしていこうとする「見えざる意識」に対して、意味づけと方向性を日常生活や神祭りの中で与えてくれるものでもある。このように恩師が教示してくれた神道についての理解の仕方は、まさに、今後の多様性を許容し合う社会の在り方、つまり多文化社会、共生社会と呼ばれる時代の上で、大切な考え方の一つとなると思い至ったのである。こうした考え方は、神社や神社で行われる祭りの中にも象徴されていると私は受けとめている。

神社には、地域ごとに多種多様、多彩な祭りがある。祭礼の際のお参りはもとより、神輿を担いだり、祭礼行列に参加したりしながら、祭礼に参加する人々が、互いに神々の相対的価値を自身の心の中に感じている。そして、祭りや参拝等を通じて、人々のつながりの大切さと未来を生きる活力の源泉を見いだし、今を有意義に生きていく糧としてきたことは、まさに日本人が長年かけて築き上げてきた知恵の源泉であるとも言える。

本書では、こうした点も踏まえながら、現代社会における神道、神社の在り方とともに、神道の「こころ」を考えてみたい。

日本神話が伝える豊かな世界観

❖今を生きる私たちへのメッセージ

❋極めて人間的な神々の様子を生き生きと描く

『古事記』や『日本書紀』といえば、まさに日本神話の代名詞であり、神道の代表的古典ともいうべき書物である。『古事記』は、和銅五（七一二）年の撰上《せんじょう》から令和五（二〇二三）年で千三百十一年目、『日本書紀』も令和三（二〇二〇）年が養老四（七二〇）年の撰上から千三百年という佳節であった。

令和三（二〇二〇）年一月末からの新型コロナウイルスの国内における感染拡大にて、にわかに注目されてきたところであるが、我が国は古代から疫病の流行に悩まされてきた。古くは崇神《すじん》天皇の御代に、大物主大神《おおものぬしのおおかみ》を大田田根子《おおたたねこ》に祀《まつ》らせたことにより疫病を鎮めたと『日本書紀』に記されている。

我が国では疫病が流行するたび、神仏に疫病退散の祈りを捧げ、その御加護を頂いてきたことが記紀以外の書物、『続日本紀』をはじめとする六国史《りっこくし》などにも記されている。近年では神道史学の岡田莊司氏や小林宣彦氏らの研究によって、学問的にも天変地異や疫病など古代の災厄と神々の祟《たた》り、それに伴う神祇《じんぎ》祭祀《さいし》との関連性が明らかにされてきているところでもある。そこで本章では、日本神話が伝える世界観を通じて、神道が今を生きる私たちへのメッセージであることを、少し紹介してみよう。

『古事記』や『日本書紀』、あるいは『風土記』や『古語拾遺《こごしゅうい》』などに残された神話の世界からは、唯一絶対的な神の存在や全知全能の神の姿は見られない。例えば、『古事記』には、天照大御神《あまてらすおおみかみ》が弟神の須佐之男命《すさのおのみこと》を懸命に信じようとして、共に贖物《あがもの》を出し合って誓約《うけい》を行う姿や、須佐之男命のように母神に会いたいと地上世界を干ばつの危機にさらすほど泣きじゃくる姿、天照大御神のように、天岩戸《あまのいわと》に隠れて引き籠《こも》り、これを高《たか》天原《まのはら》の神々の知恵と創意工夫で岩戸から取り戻す姿が表現されている。

さらに、大国主神《おおくにぬしのかみ》のように八十神《やそがみ》に虐《しいた》げられながらも、皮を剥《は》がされ困っている白兎に病を癒やすための正しい治療法を授ける姿、同じく大国主神が須佐之男命から根の堅《かた》洲国《すくに》で何度も試練の壁を与えられ、失敗してもめげずに問題に立ち向かう姿、須佐之男命のように高天原で悪事を働いて追放されてしまってもその後、出雲の河上で八岐大蛇《やまたのおろち》を退治し、困った人々を助けるスーパーヒーローへと進化する姿など、喜怒哀楽を包み隠さず表に出す、極めて人間味のあふれた神々の様子が生き生きと描かれているのである。

神の恵みの対極にある祟りの存在を今に伝える

少し話が逸《そ》れるが、京都の八坂《やさか》神社には末社に疫《えき》神社という疫病除けの信仰を持つ社《やしろ》がある。同社の御祭神は蘇民将来《そみんしょうらい》とされるが、この神は奈良時代の『備後国《びんごのくに》風土記』逸文の説話に登場する。簡単に話の内容を述べるとこうだ。

昔、北の海におられた武塔神《むとうのかみ》（むたのかみ）が、南海の神の娘を嫁にもらうべく旅し、途中で日が暮れてしまった。その折に、蘇民将来と巨旦将来《こたんしょうらい》という二人の兄弟と出会った。蘇民将来はたいへん貧しいが心優しく、巨旦将来は家と倉をあわせると百を数えるような裕福な男だがケチであった。武塔神は、旅の一夜の宿を弟の巨旦将来に頼んだが、宿泊を拒まれ、兄の蘇民将来のところへ行く。兄の蘇民将来は快く受け入れたものの貧乏であったため、敷物の代わりに粟殻を敷き詰めて武塔の神の神座とし、粟飯を炊いて粗末ながらも手厚くもてなした。

八坂神社（京都市）の境内にある疫神社。毎年7月31日に行われる夏越祭（なごしさい）では、参拝者が鳥居に設けられる大きな茅の輪をくぐり、厄をはらう。

一夜明けて旅立った神は、数年の後に蘇民将来のところへ八柱の御子神らを連れ添って再訪した。この時、武塔神は「我は、蘇民将来にもてなしてくれたお返しをしよう。そなたの子や孫は家にいるか」と尋ねると、蘇民将来は「私には娘と妻がいます」と答えた。そうすると武塔神は、「娘に茅《ちがや》の茎で作った茅《ち》の輪を腰の上につけておきなさい」と言われたので、蘇民将来は言われる通りにした。すると、その夜、蘇民将来の娘一人以外は皆、死に絶えてしまった。そこで武塔神は、自身が須佐之男命であることを明かし、のちの世に疫病がはやれば、私の言う通り、「私は蘇民将来の子孫だといって茅の輪を腰につけている者は疫病から免れるだろう」と教えた。

　この故事などをもとに「茅の輪」は、疫病除け、災疫除けの霊力があるものとして現在でも人々に信仰されている。神社でも六月末や十二月末になると大きな茅の輪くぐりが設けられている社もある。蘇民将来の説話は、神々はいつも私たちに「恵み」を与えてくれる存在とは限らないということ、つまり、神の恵みの対極にある神の「祟り」の存在を武塔神（須佐之男命）に仮託して今に伝えている。その恐ろしい神の祟りを鎮め、人間社会を守る方法の一つ

「蘇民将来子孫家門」と記されたしめ縄。茅の輪を腰につけて疫病を免れたという故事に由来し、伊勢地域では正月だけでなく、一年中、玄関先に飾られている。

として、疫神や死者の怨霊などを鎮め、なだめるために御霊会《ごりょうえ》などの神を慰めるための祭りを行ってきたのである。

❋ 人生の物事、出会いを『古事記』に置き換えて

一方で、『常陸国《ひたちのくに》風土記』の行方《なめかた》郡の段には、荒ぶる神を恐れ、慰めるのではなく、うまく共存しようという動きも伝えられている。これは、継体《けいたい》天皇の御代に箭括《やはず》の氏麻多智《うじまたち》という郡役所の役人が西方の谷の葦原を調べて原野を開拓しようとした際に、夜刀《やと》神《かみ》（やつのかみ）という頭に角の生え、ひとたび見れば皆殺されるという恐ろしい蛇神が開拓を妨害するため、山（神の地）と田（人の地）の境に「標《しるし》の梲《つえ》」を立てて、以後、人々に祟らないでくださいと、社を建てて夜刀神を祀るとともに、人々と神との境界を決めて共存したというものだ。人々は夜刀神を追い払ったわけだが、神の祟りがあったという記述はない。自然と人との関係、共生の在り方を考える場合、この夜刀神の伝承をいかに考えるか、非常に興味深い。

話を『古事記』に戻したい。伊耶那岐命《いざなぎのみこと》と伊耶那美命《いざなみのみこと》の神生みの際、伊耶那美命は火之迦具土命《ひのかぐつちのみこと》を生んだ際に瀕死《ひんし》の火傷《やけど》を負い、黄泉国《よみのくに》へと旅立つこととなるのだが、この話を現代社会と置き換えて考えてみると、実に興味深いものがある。ギリシャ神話に登

場するプロメテウスの説話とも類似するが、この火之迦具土命を生む話は、神であっても文明の象徴である「火」を手に入れたことによって、死者が住むとされる黄泉国へと赴くことになったというものだ。

人間に置き換えてみると、人々は「火」を手に入れることによってさまざまなものを加工し、産業が発達し、豊かな暮らしを手に入れることになった一方で、「火」を使うことで、爆弾や火薬などを用いる戦争や、原発事故を引き起こした。「火」は全てのものを破壊し、消滅させてしまう大変怖いもの――それを受け入れる運命を人々が背負うことになったということを、我々に教えてくれているのである。

このように考えると、日本神話が単なる国造りや神生みのストーリーではないようにも思える。神話の一つひとつのエピソードを、現代を生きる我々に何かしらの生きるヒントを指し示しているものとして読み進めると面白いのではないだろうか。私にはそう思えてならないのである。あらゆる人生の物事、出会いを『古事記』の世界観に置き換えて考えてみると、また違った生き方、物事の感じ方で過ごせるのでないかと思った次第である。

神々の略系図（『古事記』による）

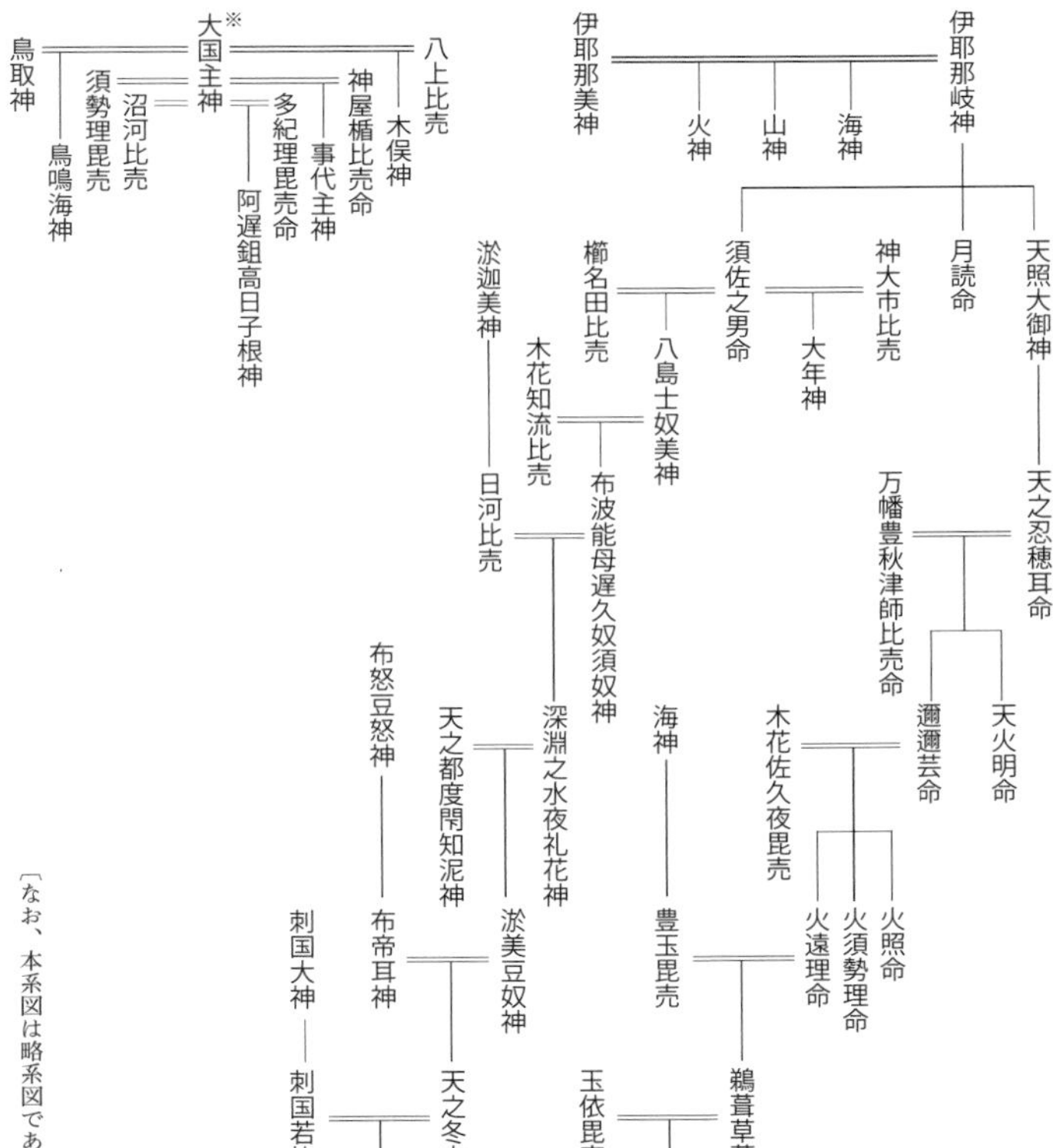

〔なお、本系図は略系図でありすべてを記したものではない〕

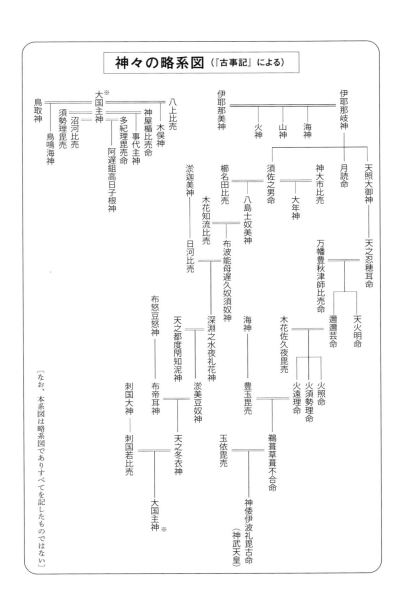

第二章

日々、神々を祀り、神を丁重に敬う

❖清く明るくより良く生きる

『日本書紀』は神話に対する異説を付加した歴史書

前章では『古事記』について多くの行数を割いたので、ここでは『日本書紀』に記載されている内容について、少し述べてみたい。

『日本書紀』といえば、我が国初の国史で『続日本紀《しょくにほんぎ》』や『日本後紀《こうき》』などと共に六国史の一つで、歴史書でもあり、文学作品としても親しまれてきた古代を代表する書物である。『古事記』と共に『日本書紀』は、神道を語る上で必須の古典であるものの、神話の内容については、いささか異なっている。『古事記』は、主に神代の世界から天皇の御代に至るまでが一つのストーリーのみで記されているのに対し、『日本書紀』は、

「一書に曰く」という形で、本文に付随する形でいくつもの類似した異伝（別伝承）を掲載している。多くの異伝があることは、理解し難い面もある一方、神話に対してさまざまな別の伝承が付加されているという点では、歴史書としての特徴が見られる。

記紀本文に最初に登場する神についても、『古事記』は天之御中主神《あめのみなかぬしのかみ》、『日本書紀』では国常立尊《くにのとこたちのみこと》と、異なっている。また、国生みの順番も『古事記』では、淡路島にあたる淡路之穂之狭別島《あわじのほのさわけのしま》が大八洲国《おおやしまのくに》の最初とされるが、『日本書紀』では以下、吉備子洲《きびのこしま》までが大八洲国となっていて、本州にあたる大日本豊秋津洲《おおやまととよあきつしま》の生まれる順番などにも差異が見られる。

さらに、『日本書紀』本文（正伝）では、神生みの後に伊弉冉尊《いざなみのみこと》は軻遇突智命《かぐつちのみこと》を産んでおらず、亡くなっていないため黄泉国《よみのくに》の訪問譚は登場しない。「一書に曰く」として黄泉の段が登場し、軻遇突智命（『古事記』では火之迦具土命《かぐつちのみこと》、静岡県の秋葉山本宮秋葉神社に祀《まつ》られ、火防開運の神として信仰されていることでも著名）が登場することもあり、天照大神《あまてらすおおかみ》、素戔嗚尊《すさのおのみこと》、月読尊《つくよみのみこと》の三貴子の誕生する場所やそれぞれの神が分治する場所も『古事記』とは異なっている。

特に「高天原《たかまのはら》」についての差異は、国文学者の中村啓信氏の研究でも知られるところである。『古事記』では、高天原が本文の冒頭から記されていることに対し、『日本書

軻遇突智命が祀られる秋葉山本宮秋葉神社（静岡・浜松市）の上社境内にある金の鳥居。標高866メートルにそびえ立つこの鳥居は「幸福の鳥居」とも呼ばれる。眼下には、浜松市街や天竜川、浜名湖を望む東海随一の絶景が広がる。

紀』の本文冒頭ではこれを見いだすことができない。八種ある異伝のうち、第四の「一書に曰く」の部分で、異説として『古事記』の冒頭と一致する伝承が登場している。この問題は、『古事記』に見られる「高天原」と『日本書紀』に表される「高天原」の違いがどのようなものであるかということにも関わる問題で、そもそも「高＝天原」なのか「高天＝原」なのかという訓読の仕方や考え方にもつながるものとして、中村氏のほか、太田善麿、西宮一民、小松英雄の各氏らが、さまざまな論を提示してきたことでも知られている。

『古事記』の冒頭の「天地初発之時」の訓読の仕方や、『日本書紀』本文で天照大神が最初に登場する際の名前が天照大神でなく「大日孁貴《おおひるめのむち》」である点なども関連し得る問題となっており、洵《まこと》に興味深い。

❋天孫降臨の際に天照大神が授けた「三大神勅」

さて、記紀の内容の差異ばかりについて説明するのではなく、『日本書紀』の神話が指し示す考え方の一端についても述べておこう。『日本書紀』で著名なものの一つとして、天孫降臨《てんそんこうりん》が行われる際に天照大神がお授けになった、いわゆる「三大神勅《しんちょく》」がある。「天壌無窮《てんじょうむきゅう》の神勅」「斎庭稲穂《ゆにはのいなほ》の神勅」「宝鏡奉斎《ほうきょうほうさい》の神勅」と称されるものだ。

まず、「天壌無窮の神勅」であるが、「葦原《あしはら》の千《ち》五《い》百《ほ》秋《あき》の瑞穂の国は、是、吾が子孫《うみのこ》の王《きみ》たるべき地なり。爾皇孫《いましすめみま》、就《い》でまして治《しら》せ。行矣《さきくませ》。寶祚《あまつひつぎ》の隆《さか》えまさむこと、當《まさ》に天壌《あまつち》と窮《きわま》り無けむ」というフレーズは、我が国の、国としての秩序の根本は、高天原から天下った神の子孫である天皇のもとに人々がまとまり、皇位とともに栄えてゆくことであり、地上の世界に一つの秩序をもたらしたということでもある。

次に「斎庭稲穂の神勅」。「吾が高天原に所御《きこしめ》す斎庭の穂を以て、亦《また》吾が児に御《まか》せまつるべし」とは、皇孫に天上の田んぼにある稲を授け、これを子孫代々、大事に育てていきなさいというものだ。我が国の人々の食の中心は米であり、米作りが非常に大事であるということでもある。さらに敷衍《ふえん》すると、米以外にもそれぞれの地場の農業や産業をしっかりとやっていくことが、我が国がずっと続いていく基礎であるということでもあり、人々の生活の根幹を支える農業や漁業、林業、工業を大事にしない国は、不測の事態に脆《もろ》く、時代や環境の変化により自立性が弱まり、国が衰退してしまうということを示していると考える。

　この神勅はまさに、コロナ禍の中でグローバルサプライチェーンが脆くも崩れた我が国の様相に警鐘を鳴らすものではなかろうか。この神勅は単なる稲を育ててゆくことの大切さを説くものであるが、それ以外にも、ある程度、自分たちでモノを作り、我が身を立てていくことの大事さを示していると私は考えている。

❋「鏡」は、生き方の根本「正直」さを示す

　最後の「宝鏡奉斎の神勅」は神祭りの根本を指し示したものである。「吾が児、此の寶鏡《たからのかがみ》を視まさむこと、當に吾を視るがごとくすべし。與《とも》に床を同くし殿《みあらか》を共《ひとつ》にして、齋鏡《いはひのかがみ》とすべし」というもので、天照大神が授けた「この鏡を私（大神）だと思って御殿に大事にお祀りしなさい」という意味の神勅だ。まさに神を敬うことの大切さを意味

し、それは先祖を敬うことにつながるものである。

現在でも天皇陛下は、宮中三殿や伊勢の神宮、山陵において皇祖へのお祭りを丁重に行っておられるが、このことは陛下自らがその祖先である天照大神をはじめ歴代天皇を敬い祀ることでもあり、我が国において人々に率先して先祖を敬い祀られていることでもある。また、「宝鏡」とあるが、喜怒哀楽、元気であろうが疲れていようが、私たちの姿を包み隠さず、そのまま映し出す「鏡」の存在は、神道の考え方では「正直」さを意味するものである。その「正直」とは、人の生き方の根本の一つでもある。人が実直勤勉に生きることがいかに難しいことか

『日本書紀』に登場する筑波山。筑波山神社は、伊弉諾尊（いざなぎのみこと）と伊弉冉尊を主祭神として祀り、古くから霊山として信仰を集めてきた。

――だからこそ日々、神々を祀り、神を丁重に敬うことによって少しでも日常を清く明るくより良く生きていこうと願う気持ちを確認していく大切さを教えてくれているのではないだろうか。

私なりに『日本書紀』に示された三大神勅の指し示す考え方を述べてみた。この神勅をどう考え、受けとめて行動するかで、人の生き方のみならず、未来の我が国の在り方も変わるような気がしてならないが、読者の方々はいかがだろうか。

第三章

神道を暮らしに活かす

❖いま一度知りたい「神社の役割」

◈「神社」という呼称と神々の分類について

前章は『日本書紀』の三大神勅《しんちょく》を中心に神話の指し示す考え方について述べた。読者の中には、神話の世界観もいいが、日本の神々や神社の違いについて知りたいと思う方もいると思う。そこで本章では、神道の教えを日々の暮らしに活かすためにも、「神社」というものの理解とともに、神社に祀《まつ》られる神々の分類について述べたい。

「神社」を理解する場合、今では人々が当たり前のように使用している「神社」という用語が、いつ頃から用いられてきたかということに着目する必要があろう。この点については、恩師である櫻井治男氏が『地域神社の宗教学』（弘文堂）や『神道の多面的価値―地域神社と宗教研究・福祉文化―』（皇學館大学出版部）などの著書で明らかにしているところでもあるが、「神社」という用語が一般に広く用いられるようになるのは、明治維新以後、神社制度が整備される過程で、「神社」の公簿である『神社明細帳』が作成される段階である。近代においては、福岡県の太宰府天満宮が太宰府神社、大阪府の住吉大社が住吉神社、京都府の松尾大社が松尾神社、静岡県の久能山東照宮と栃木県の日光東照宮がどちらも東照宮というように、一様式化されたのである。また、ムラの小祠《しょうし》などでは、山の神を祀る社《やしろ》が「山神社」となっていくような過程も見られた。こうした改正が「神社」の呼称を一般化するきっかけの一つとなったと考えられている。

国の公簿である『神社明細帳』の作成過程においては、現在の神社の概念を根本から覆すような社の形式をうかがい知ることができる。例えば、岡山県北部の真庭市にある下諏訪神社のように、明治七年の教部省の指令に基づく神社調査の報告書にあたる『神社取調書上帳』（津山市立郷土博物館所蔵『美土路家文書』に所収）には、社名や祭神名、由緒などとともに、境内に木製の御柱《おんばしら》一本と囲いにあたる木製の瑞垣のみの絵図面が記されている。

先に述べたことは、ほぼ全ての社が近代において「神社」と呼称されていたこととの善悪を問うものではない。ただ、例えば地域所在の住吉神社や春日神社、稲荷神社のことを「住吉《すみよ》っさん」「お春日さん」「お稲荷さん」などと呼び、伊勢神宮でも地元の人々は皇大神宮、豊受大神宮を「内宮《ないくう》さん」「外宮《げくう》さん」と呼ぶことから見ても、地域社会と神社との関係性を理解する場合に、それぞれの社がどのように呼称されているかは大事な点である。

さらに「お宮」という言葉も同じく、人々と神社との関係性を知る上で、キーワードになると考えられる。神社と呼ばれる社はあまたあれど、各々の地域に住まう人々にとって「お宮」と感じる、分かり合える社がどこであるかは、地域社会における神社の役割や在り方をとらえるためには重要とされているワードだ。

❋「至高神・霊威神・機能神」

「神社」をどのように理解するかという点では、むろん個々の神社の縦糸の部分にあたる歴史性への着目も大事であるが、それぞれの神がどのように人々に奉斎されてきたかという、横糸の部分に注目することも大事である。その点で、櫻井勝之進氏や前出の櫻井治男氏の説に基づき、奉斎する主体という観点から神社を類型化すると、以下の通りになる（前掲『神道の多面的価値』）。

一つ目は至高神である。これは三つに分類される。

①皇祖畏敬の観点から、皇室が祀る伊勢神宮、②族祖敬仰《けいぎょう》の観点から、個々の氏族の祀る春日大社や日光東照宮のような社、③地域安泰、鎮護の観点から、地域共同体で祀る「お宮」「氏神」と呼ばれるような社だ。

次に霊威神。これは、④慰霊安鎮の観点から、国民、地域住民が祀る社で、天満宮や御霊神社のような社、靖國神社や護国神社、地域のために尽くした義人を祀る社が挙げられる。

もう一点は、機能神だ。これは二つに分類される。⑤国家意識高揚の観点から、国民が祀る社で、明治期に創建された橿原神宮や明治神宮、湊川神社のような社、⑥精神安定の観点から、個人や篤信の崇敬者、崇敬者団体で祀るもので、いわゆる御利益信仰で賑わう社である。

①については、単なる至上、至高の神ということではなく、八百万神《やおよろずのかみ》とも言われる多くの神々が存在する中で「大神《おおかみ》」として意識される神のことである。伊勢神宮の場合でいえば、皇室の祖神としてそのご神威が畏《かしこ》まれて、宮中（皇居）から大和《やまと》笠縫邑《かさぬいのむら》から伊勢の地に奉遷された「伊勢の大神の宮」で、皇室のみならず、古代から現代に至るまで多くの国民の奉斎が寄せられる社となっていることが挙げられる。

②については、例えば藤原氏が祖先の神として春日大社に天児屋根命《あめのこやねのみこと》を祀るように、

国内外から多くの人が参拝に訪れる明治神宮（東京・渋谷区）。明治天皇と皇后の崩御後、両陛下の御神霊を祀る神社として、大正９（1920）年に創建された。

個々の氏族の奉斎する氏族の祖先の神々のことで、それぞれの地縁・血縁に基づいた氏族集団にとって、極めて高い存在として崇《あが》められている。なお、個々の地域の神社が「氏神」神社、「氏神さん」として呼称されるようになったのは、近世以降のことと考えられている。

③は、前述した「お宮」と称されるような社。地域の守護神として崇敬される社を指す。

④は、奉斎の趣旨が慰霊や安鎮で、朝廷による国家的な観点から祀られた菅原道真や、国家のために出征し、尊い命を捧げられた戦没者を祀る靖國神社や護国神社、架橋や水利水防など地域のために特別な貢献を果たして亡くなられた義人を祀る社、いわゆる「人」を神として祀る社である。天満宮（天神社）のように菅原道真を祀るようなケースでは、農耕の神とともに学

問の神、文芸の神として機能神的な役割が付加されたり、ムラの氏神となって「天神さん」と呼称されるような場合には、③のような役割が付加されたりする場合も見られる。

❁現代における「生きた神社」の存在意義

⑤のような場合は、近代以降に国家的な祭祀の観点から創建された社で、明治神宮のように全国からの奉賛金に加え、各地の青年団をはじめとする多くの国民の奉仕活動と献木により神宮の内苑、外苑が建設され、国内有数の社へと発展したケースも見られる。

⑥については、いわゆる御利益神社と称されるような社だ。御神徳にそれぞれ個別の特徴が見られ、崇敬・奉斎する人々にとっては、「お参り」や「お祀り」することで、願意や自己実現といった目的が果たされる性格が見られる社である。病気平癒や商売繁盛、厄除けなど民間信仰をもとにしたものが、制度的にも神社という形で祀られるケースもある。こうした神社の中には、近年の御朱印ブームなどもあり、その御利益が注目されている神社も多い。

①～⑥のように奉斎する主体に基づく分類ではなく、社会的環境に基づく分類では、氏神神社や崇敬型神社、あるいは観光型神社のような形での分類の仕方もあり、山頂や離島など地理的環境に基づく分類もあることから、先に掲げた類型に収まらない神社や

複合的な性格を有する社もあると考えられる。さらには、時代の変化等で別の性格が神社や祭神に付加されるケースもあるため、奉斎する主体や社会的環境、地理的環境等を踏まえつつ、神社を理解することが必要である。神社の所在する地域社会の在り様や状況の変化を把握しながら、現代における「生きた神社」の姿を知ることが、神社研究の上では大事であり、神社の在り方や本質をとらえる上で大事な要素であると考えている。

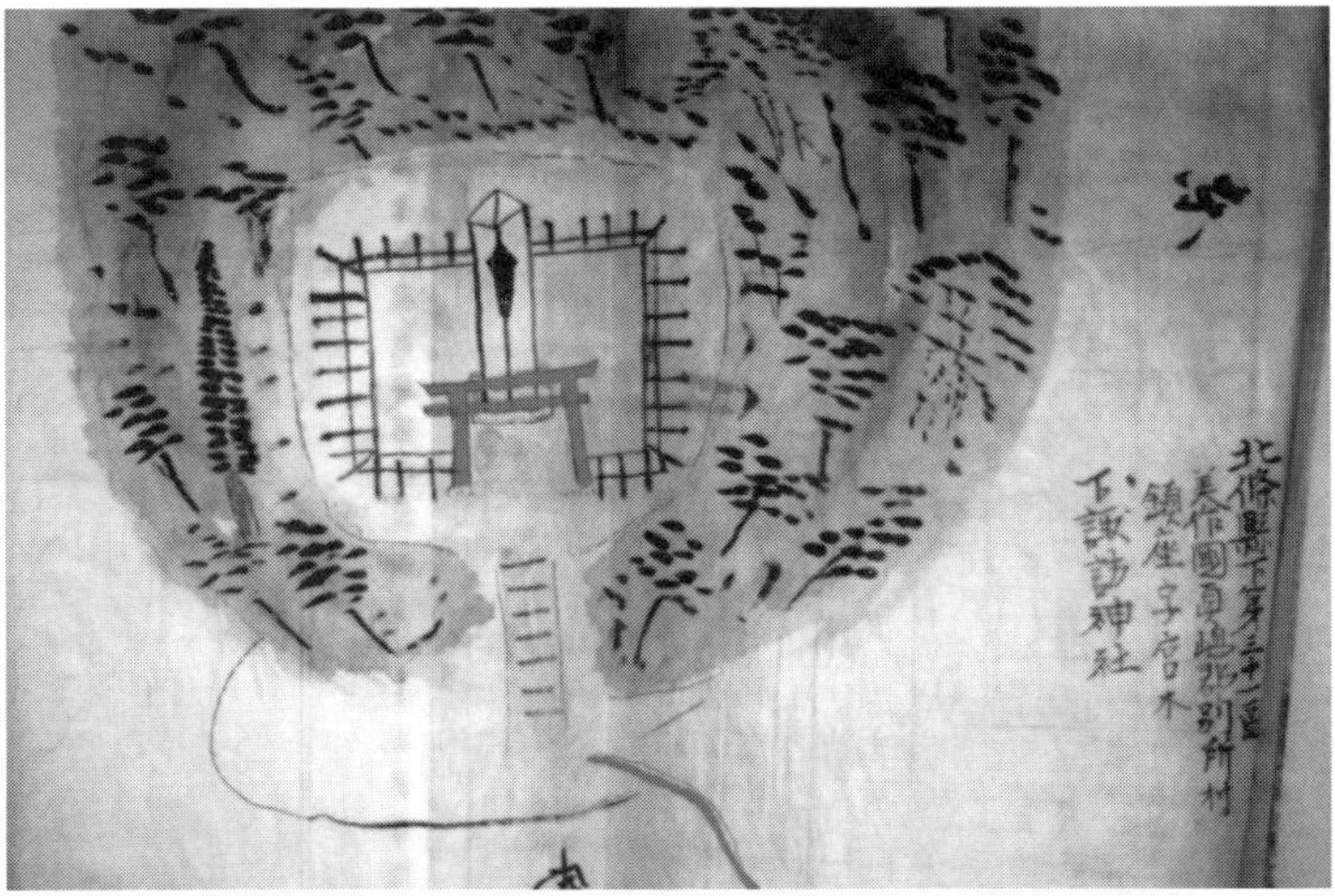

『神社取調書上帳』に記された下諏訪神社（岡山県・真庭市）の絵図面の一部（津山郷土博物館所蔵）。同社は現在、社殿が建てられているが、明治期までは御柱と瑞垣で神社の形式を成していた。

第四章

人々の暮らしと神社

❖いつも見守り安寧をもたらす

❁地域住民にとって「困った時の神頼み」

前章は、主に至高神、霊威神、機能神という三種類に分けて日本の神々の分類、役割について述べた。もう少し詳しく知りたいという読者の方々もいると思い、ここでは、前で分類した神々の話を基に、もう少し話を続けてみたい。

まず、至高神として紹介した氏神神社についてである。いわゆる氏神様は、個々の土地に縁のある神々を祀《まつ》って氏神神社となるパターンもあるが、地縁や血縁が発達して氏族社会が生まれる中で、一族の団結のため、氏の一族の先祖となる祖神を氏神として祀るようになったケースもある。

中でも、氏神の中の氏神、まさに日本人の総氏神とも言える存在は、皇室の祖神を祀る伊勢神宮であり、そもそもは天皇陛下が国家的な祈願を行う社であって個人的な祈願はできない「私幣禁断」の社《やしろ》であった。中世以降に私的祈願が解禁され、以後は庶民の伊勢信仰の高まりとともに日本人の総氏神として崇《あが》められるようになったことでも知られる。

氏神神社は、個々の土地の神様であるため、まさに地域住民の団結の証《あかし》ともいうべき社である。その土地に鎮まり、個々の地域の人々を守る神様として祀られ、崇められてきた歴史を持つこともあって、氏子区域の人々をいつも見守ってくださるオールマイティーな社でもある。地域のまさに「お宮」と呼ばれる存在であるため、ある意味、社名や祭神名などの名前を意識しない社でもあることから、常に頼れる神でもあり、どのような祭神であっても、その氏子地域の住民にとっては、「困った時の神頼み」という存在である。家内安全だけでなく、時には学業成就を祈られることもあれば、安産や病気平癒、厄除け、商売繁盛など個々の利益を祈られる神様にもなる。病院で言えば、地域のかかりつけ医のような存在――それが氏神神社であると言えよう。

しかしながら、地域のかかりつけ医が全ての病気を治療し、地域の医療・福祉問題を解決できるわけではない。神社でいえば、氏神神社が人々の暮らしをいつも見守ること

伊勢神宮には、皇室の祖先で、日本人の総氏神ともいわれる天照大御神（あまてらすおおみかみ）が祀られる。長さ101.8・メートル、幅8.42メートルある宇治橋は、20年で約１億人が渡る木造橋として知られている。

で精神的な安寧を得ていても、社会の発展や環境の変化とともに暮らしが安定すると、人々がそれぞれ独自の考えや生き方を模索するようになり、神々により高いものを願い求めるようになる。それゆえに登場するのが、いわゆる機能神の存在だ。時代が下るにつれ、個々人の多種多様な願望を個々の神々の来歴や神社鎮座の由緒等に当てはめて考えるようになり、氏神以外の神社に詣でて願いを捧げるようになってゆく。

一定の寛容さがある日本の神社、神道

例えば、農家が五穀豊穣《ほうじょう》の神である稲荷神を宅地内に小祠《しょうし》を建てて勧請す

るなど、個人の期待に応えてくれるような神を自邸内に勧請したり、付近に住民共同で奉賛し合って社を設け、一定の利益《りやく》のあるとされる神を勧請したりするような事例が増え、各地に特定神社の信仰が広がりを見せるようになったのである。

なお、稲荷神を邸内の小祠として祀る例は、関西よりも関東に多く、稲荷神社も西日本よりも東日本に多く分布している。特に東京都の稲荷神社の比率は、都内の他の神社に比べて格段に高い。

こうした機能神の広がりは、ある種、日本人独特の神々との付き合い方の一つでもある。神道は寛容性を持つ宗教なので、人々が自分の都合で特別な御利益を求め、その機能を持つ神へとお参りしても、神が特段怒ったりすることはない。よく、「お守りをたくさん持って大丈夫だろうか?」「このお守りとこのお守りは神様がけんかするから良くないと聞くがどうか?」などと尋ねられることがあるが、私は全く問題ないと説いている。絶対的な神を信じる一神教の世界では信じられないかもしれないが、一定の寛容さがあるのが日本の神社、神道なのである。

先に稲荷神が登場したのでもう少し述べておこう。お稲荷さんとも称される稲荷神は、宇迦之御魂大神《うかのみたまのおおかみ》(倉稲魂命《うかのみたまのみこと》)と称され、もともと伊奈利と記されていた。稲生《いねなり》から「いなり」へと変化し、「稲荷」の文字が当てられるようになったと考えられている。稲は一本の苗から何十粒もの稲粒を生み出す。米は人々の生活の糧であり、人の命の源でもある。それゆえ、保食神《うけもちのかみ》とも称され、繁栄を司《つかさど》る神徳から商売繁盛、事業繁栄、家族繁栄の神としても知られる。総本社は京都府の伏見稲荷大社。神仏習合の時代には荼枳尼天《だきにてん》が習合神と考えられていたこともあり、寺院では愛知県の豊川稲荷、岡山県の最上稲荷などが知られている。伏見稲荷大社では宇迦之御魂大神、佐田彦大神《さたひこのおおかみ》、大宮能売大神《おおみやのめのおおかみ》、田中大神《たなかのおおかみ》の四大神《しのおおかみ》を祀っている。全国各神社の末社や小祠等では、おおよそ、この四柱を稲荷神として祀っており、岡田米夫氏によれば、稲荷社は小祠を含めて全国に約三万社あるとされる（岡田米夫『全国神社祭神御神徳記』神社新報社）。狐《きつね》が神の使いとされるのも稲荷社の特徴の一つだ。

各神社に興味深い由緒やご利益も

次いで八幡神。全国で稲荷神社とともに最も数の多い社として知られている。前出の岡田氏によれば、小祠や摂末社なども含めると全国に約二万五千社あるとされ（一説には約四万社とも）、人々に最も身近な社の一つである。関東では八幡神を氏神とした源氏ゆかりの神社として、鎌倉の鶴岡八幡宮が著名である。八幡神は仲哀《ちゅうあい》天皇と神功《じんぐう》皇后との間に生まれた誉田別尊《ほんだわけのみこと》（応神天皇）のことで、八幡神社ではおおよそ八幡神とともに、神功皇后と比売大神《ひめおおかみ》が祀られている。大分県の宇佐神宮が総本社で、宇佐神宮は欽明天皇三十二（五七一）年に創祀されたと考えられている。

貞観元（八五九）年には、南都大安寺の僧・行教が宇佐神宮にて八幡大神より「吾れ都近き男山の峯に移座して国家を鎮護せん」との託宣を受け、同年に京都府の男山に御神霊を御奉安して創建されたのが、石清水八幡宮である。その後、同八幡宮が国家鎮護の社として皇室からの御崇敬が篤《あつ》いものとなり、伊勢の神宮に次ぐ国家第二の宗廟《そうびょう》と称されるに至った。中世以降、鎌倉に幕府を開いた源頼朝をはじめとする東国の武士や、九州の武士の篤い信仰を集めたことから、全国各地に勧請され、武運、勝負、厄除開運などに御神徳がある神として信仰を集める社となっている。

本章で取り上げた神々の信仰は一例であり、ここで全ての神々や神社の御神徳を縷々《るる》述べ

渋谷区内の民家に建てられている邸内社。こうした社は、五穀豊穣や商売繁盛、産業興隆、家内安全などを願って勧請されている。

ることはしないが、各神社をお参りする際に、ぜひ見て欲しいのは、由緒書（由緒板）である。先に述べた通り氏神神社は、地域のかかりつけ医のような存在であるが、参拝する神社がどのような祭神を祀っているのかを由緒書を確認してからお参りするだけでも、祈願する事柄は変わるかもしれない。

私自身は極端な御利益信仰を好まないが、個々の神社に社名を含め、実に興味深い由緒や御利益が存在する場合もある。時には神社の由緒にちなむ語呂合わせ的なものも古くから御利益の一つとして人々に受け入れられているような場合もある。

語呂合わせとは全く関係ないが、先日、図書館学の須永和之先生から「驚《おどろき》神社」なる社名の社の存在をお守りとともに教示して頂いたが、馬にちなんだ由緒を伺い、まさに驚いた次第である。読者の方々にはぜひ、各地の神社をめぐり、ぜひとも多くの神々の御利益にあずかって頂きたい。

第五章

少子高齢化の進行と過疎化

❖地域の宗教施設が直面する課題

❈ 地域の神社が無くなることの影響

現代の日本は少子高齢化が進行しており、同時に地方では過疎化の問題が深刻化している。厚生労働省が毎年九月に発表する人口動態調査の直近の概況では、令和二（二〇一九）年の出生数が前年比で五万三千百六十一人減少して、過去最少の八十六万五千二百三十九人であったという報道がなされ、国内に大きな衝撃を与えた。さらには令和四（二〇二二）年の出生数はさらに減少して八十万人を割り込んだ。政府でも少子化対策にさらに力を入れるものの、効果的な具体策の策定と実行に手をこまねいている状況にある。加えて令和五（二〇二三）年は、さらに減少するとの予測もある。私は大学教員でもあるので、後に子供たちを学生として受け入れることになる大学側の立場としてはまさに深刻な問題である。ここ数年のみならず、特にコロナ禍が少し和らいできた世情の中にあって、最新の国内出生数が、今後どのように変化してゆくのか、十八歳人口の増減とともに気になるところでもある。

出生数が現在のような減少傾向にあることは、死亡数の増加とともに、さらなる少子高齢化、過疎化が続いていくことを意味する。少子高齢化が続けば、それぞれの自治体で税収の減少を招き、地域社会においても経済のみならず、行政サービスの維持など市民生活に大きな影響を及ぼすことは言うまでもない。

宗教法人と少子高齢化の問題について、宗教学者の石井研士氏が平成二十七（二〇一五）年に「限界神社」なる造語を提示している。今後、全国各地の宗教法人の維持・運営が危うくなる状況を、法人数と人口データなどを比較分析し、全国の約四割近くの神社が消滅する可能性があると指摘した（なお、石井氏は寺院数についても分析している）。

近年では、石井氏の教え子にあたる冬月律氏が『過疎地神社の研究』（北海道大学出版会）を発刊。高知県内の神社を対象に実態調査を行い、過疎化の実情と地域神社との関係性を明らかにした。そこでここでは、地域のお宮、神社が無くなるということが、一体、人々にどんな影響をもたらすのかという点について述べてみたい。

国の史跡に指定されている大多羅寄宮跡（岡山県）。江戸時代に岡山藩で行われた神社整理施策で、領内の多くの神社がこの地に合祀された。現在は廃社となり、東西十六メートル、南北十八メートルの境内地と石垣のみが残されている。

神社が無くなるということについて、歴史的に見れば、江戸時代に岡山藩で行われた「寄宮《よせみや》」をはじめ、会津藩や水戸藩においても神社や寺院の整理が行われたことが知られている。江戸期から近代にかけて全国各地で数多くの神社が整理されてきたことは、実は私自身の神道研究の起点でもある。特に私自身が研究対象とした岡山県においては、岡山藩の「寄宮」が、藩主・池田光政の時代に、藩内の小祠《しょうし》など一万五百二十四社を廃して、七十一社に合祀《ごうし》するという極端な宗教政策であった。光政公の遺志を継いだ次代藩主の池田綱政の時代には、その七十一社の寄宮のうち、六十六社を「大多羅《おおだら》寄宮」と称する一社に合祀。明治維新まで、この寄宮での祭祀が藩の庇護《ひご》のもとで行われていた。しかし、明治八（一八七五）年にはその寄宮自体も近隣の布勢神社に合祀され、廃社となった。

注目すべきは、明治末期から大正初期にかけて政府主導の行政施策により、全国的にしかも短期間で実施された神社整理施策である。整理前の明治三十八（一九〇五）年には、十九万二千三百六十六社あった神社数が、整理が終息した後の大正六（一九一七）年には十一万七千七百七十八社まで減少。府県によって強弱差異はあるものの、全体で七万四千五百八十八社も減少し、特にモデル県とされた三重県では、神社の合併率が九十％を超えるという結果をもたらしたのであった。

合祀・合併への反対運動

こうした神社の整理施策は、現代の過疎化や少子高齢化による神社の廃絶や合併とは異なり、人為的に神社を減少させるものであった。しかし、人々が共同で神を奉斎することが途絶することにより、地域社会の精神的な柱である神社が無くなるという意味では神社整理も過疎化による神社の合併や廃祀も同様である。過疎化の進む日本社会では、人々の奉斎によってその維持・管理が成り立つ神社を、他の地域の神社に合併・合祀してでも維持していく、あるいは地域に住まう数人のみでも神社を護持しようとしたもの

八幡太（はちまんた）神社（大阪・箕面市）の復興記念碑。同神社は明治四十（一九〇七）年に、政府の神社整理施策によって近隣の阿比太（あびた）神社に合祀されていたが、戦後、氏子が協力し、昭和三十（一九五五）年に現在地に復祀された。

の、年月の経過とともにこれを諦めるに至り、廃祀を選ばざるを得ないということが考えられる。こうした選択を今後、それぞれの地域住民が迫られていく状況へと進むことも想定され、百十年前に起こった現象が再び各地域で起こり得ることを指し示していると言える。

神社整理という政府施策によって身近な生活の場から神社が消えてしまうことについては、さまざまな形で合祀・合併に対する反対運動が巻き起こった。特に南方熊楠《みなかたくまぐす》の神社合祀反対運動が著名である。この神社合祀反対運動は、最近では令和五年四月から九月にかけて放送されていたNHKの朝の連続テレビ小説の「らんまん」でも取り上げられていたのでご存じの方も多いかも知れない。熊楠は神社の合祀による悪影響を七点に分けて指摘している。

概要を述べると、①合祀で敬神思想は高まるというが、これは官吏の机上の空論で政府はこれに騙《だま》されている。②合祀は地域の住民の和融を妨げる。③合祀は地方を衰微させる。④合祀は国民の慰安を奪うとともに人情を薄くして、地域の風俗を害する。⑤合祀は愛国心を失わせる。⑥合祀は土地の治安と利益に害をもたらす。⑦合祀は史蹟《しせき》と古伝を滅却してしまう、というものだ。

神社の合祀・合併という神社整理施策には一つの目的があった。それは、日露戦争後の疲弊した国内状況を背景として、政府は「地方改良」の名の下に国民の敬神観念の高揚を意識させ、「国家の宗祀」にふさわしい神社を創出するため、境内の設備や維持管理、祭典執行など神社の置かれている状況を、合併による基本財産の増加等によって改善し、地域住民の精神的な統合の中核機能を目指すというものであった。しかしながら、被合祀神社やそれを祀《まつ》る地域社会では若者による立て籠もりをはじめとする激しい反対運動なども起こった地域もあり、大きな事件として記憶され、祭礼や地域の神社信仰の変化をもたらす結果となったのである。

❋「ハンセン病療養施設」の神社

実は現代においても、少子高齢化による地域の宗教施設の維持管理の問題で、先駆的な事例として考えなければならないケースがある。かつて隔離政策が行われていたことでも知られる国立ハンセン病療養施設内にある宗教施設である。国立の療養施設は全国に十三あり、施設内には入所者の心の安寧を願うために、園主導もしくは入所者主導で設けられた神社や寺院、教会が存在する。療養施設自体は、入所者の平均年齢が八十歳を超えて高齢化がさらに進んでおり、入所者の減少・不在から将来的には施設の規模縮小や閉鎖が検討されるため、必然的に所内にある宗教施設も護持運営の問題を抱えている。憲法の政教分離の原則もあり、国が宗教施設に対して移転費用などを捻出することも難しく、その点でも困難を抱えている。

ハンセン病の国立療養所「多磨全生園」の敷地内にある永代神社は、伊勢神宮の式年遷宮の余材を用い、施設の入所者によって建てられた。

私が長年にわたり調査を行

ってきた国立多磨全生園には、永代神社という神社が園内に鎮座している。同社の御祭神は天照大神《あまてらすおおかみ》、豊受大神、明治神宮（明治天皇・昭憲皇太后）。昭和九（一九三四）年に鎮座し、戦後、神道指令による廃絶の後、昭和三十（一九五五）年に全国敬神婦人連合会の尽力によって同社が再興され、現在に至っている。同社には入所者有志によって永代神社奉讃会が結成されていたが、奉讃会は入所者の逝去等で平成十九（二〇〇七）年に入所者自治会に引き継がれた。

近年の同社例祭で入所者自治会会長は、「生きている限りは関係団体の協力を得て祭典を継続していきたい」「入所者がいなくなっても永代神社がいつまでも保存されることを期待する」という旨の挨拶を行っている。今後、入所者が不在となった際に「神社が保存されることを期待する」とした入所者らの意思をいかに尊重し、後世に継承し得るかが課題だ。

現在、園内には保育園なども建設されて社会環境も徐々に変化しつつある。その中で、永代神社の未来をいかに考え、神社の合祀や合併、移転など、どのような形でいかに神社を護持し得るかは、ある意味、この先の日本社会における過疎化、高齢化に伴う社寺や教会など宗教施設の未来を考える上でも大いに参考になると考える。

第六章

元気な子供の声が聞こえる鎮守の森

❖神社での「人間教育」

✺地域の人々と共に

埼玉県越谷市越ヶ谷に大国主命《おおくにぬしのみこと》、言代主命《ことしろぬしのみこと》を主祭神としてお祀《まつ》りする久伊豆《ひさいず》神社という古社がある。創建時期は不詳とされるが、平安中期以降から旧武蔵北部を中心に、武士や庶民の信仰を集めてきた社《やしろ》である。境内の片隅には「平田篤胤仮寓跡《ひらたあつたねかぐうあと》」と呼ばれる旧跡や篤胤奉納の大絵馬があることで知られ、国学者の平田篤胤とも由縁の深い社でもある。同社は、現・越谷市の中核となった旧・四丁野村、越ケ谷宿、大沢町、瓦曾根《かわらぞね》町、神明下村、谷中村、花田村の七カ所の鎮守の社として知られている。加えて八方除《はっぽうよけ》、除災招福の霊験あらたかな神社として有名で、祈願のために関東一円のみならず、遠方から参詣する崇敬者も多い。

同社では、地震などの大規模災害や非常時に電気・水道といったライフラインがストップした際、境内で汲《く》み上げている御霊水を利用して地域の人々の救援ができるように、小電力発電装置を設置して災害時に備えている。また、境内には修道館と呼ばれる武道場があり、空手道の稽古場として利用され、体操教室なども行われている。加えて平日の午後は地域の未就学児とその保護者らに開放しており、地域の子育て支援にも一役買っている。

さらには、約三十年にわたって小教院と称した勉強会を開催。『古事記』や『日本書紀』を繙《ひもと》きながら、毎月一回、氏子らと日本の神々や国柄について学ぶ機会を設けてきた。同社は地域の生涯学習、社会教育の場としても、氏子らに好評を博してきた経緯がある。こうした久伊豆神社の諸活動の事例は、今後の神社が地域の人々と共にある姿の一つでもあり、神社が行うべき社会貢献活動の一端を示しているとも考えている。

同社のように、神社としての活動の第一である祭祀《さいし》や祭礼、祈禱《きとう》等を中心とした宗教活動を行いながら、地域住民に対しても種々の社会貢献活動を行っている神社は全国に数多く見受けられる。庄本光政と渋川謙一の両氏による共著『改訂・神道教化概説』（神社新報社）には、神社の行う対社会活動の一つとして、社会福祉事業が掲げられ、「氏子区内に一人の不幸な人もをらぬようにといふのが、氏神様の念願に他ならず、神職の毎日の祈願の一つもまさにそこにある」という考え方が記されている。また、神社界の社会福祉施設として、境内地を利用した児童遊園、保育所、児童館が第一に掲げられている。

越谷地域一帯の総鎮守とされる久伊豆神社。境内にある修道館を住民に開放するなど、宗教活動だけにとどまらず、さまざまな社会貢献活動を展開している（久伊豆神社提供）。

保育園・幼稚園などを運営

戦後、民生委員・児童委員を務める神職が増加したこともあり、第一次ベビーブームの時期から全国各地で、神社附属の保育園や幼稚園が開設された。宗教法人や社会福祉法人、学校法人などの運営形態は異なるものの、現在約百二十園が、いわゆる神社が主体となって運営する保育園・幼稚園として存在する。昨今の幼保一元化の流れの中では、こうした神社が運営母体の保育園、幼稚園なども、認定こども園などへと衣替えする事例も見られるようになってきた。

私が以前調査に伺った幼保連携型認定こども園の「庄内こどもの杜幼稚園」は、大阪府豊中市に鎮座する庄内神社の境内にあり、学校法人「庄内神社学園」が経営している。学園の理事長を同社の宮司が務め、同社の神職が園長に就任している。戦後間もない昭和二十五（一九五〇）年に神社附属の幼稚園として境内の一角を使用して開園。昭和五十一（一九七六）年に同じ施設内に庄内たちばな保育園を開園し、その後、昭和五十七（一九八二）年に経営母体を宗教法人庄内神社から学校法人庄内神社学園に移管した。

平成十四（二〇〇二）年には庄内たちばな保育園が大阪府の認可を受けて、庄内幼稚園と同じ学校法人庄内神社学園の経営となり、平成二十二（二〇一〇）年に庄内幼稚園と庄内たちばな保育園が、それぞれ大阪府より幼保連携型認定こども園の認定を受けた。そのため、名称も「認定こども園庄内幼稚園」と「認定こども園庄内たちばな保育園」となったが、政府による幼保一元化の政策の変更を受けて、平成二十七（二〇一五）年に庄内幼稚園と庄内たちばな保育園が、新制度の認定こども園の認可を受けて「幼保連携型認定こども園　庄内こどもの杜幼稚園」となり、現在に至っている。

以前、理事長でもある北島孝昭宮司にお話を伺った際に、新制度前の幼稚園・保育園のこども園の認可の折の府担当者とのやりとりの苦労をお話し頂いたが、何よりも境内地の片隅で子供たちが自由活発に楽しく遊ぶ姿がたいへん印象的であった。

❋ 自然に親しみ、コミュニケーションを大切に

神社の保育園や幼稚園、認定こども園の場合、その特徴の一つとして夏・冬の大祓《おおはらえ》や七五三などの行事を神社に行って行う場合もある。しかし、多くの園では節分やひな祭り、七夕、端午の節句、クリスマスなど、いわゆる日本文化として一般に親しまれ、一般の公立保育園でも催されている年中行事が行われており、園児が特別な神社の儀礼などに接することは多くない。

ただし、全国神社保育団体連合会において作成された『神社保育要領』や『神社保育ハンドブック』などを基にした保育理念や指導要領などもあり、全く独自性が無いわけではない。前出の庄内こどもの杜幼稚園を例に保育理念の一部を紹介すると、「七歳までは神の子」と呼ばれるように大切に子供と接することが掲げられている。また、日本文化を大切にし、これに親しむことや、鎮守の森と呼ばれる神社の境内で

久伊豆神社の御霊水は、地下250～300メートルの深層から汲み上げられている。自家発電機も備えており、災害時には地域の生活用水として活用できる（久伊豆神社提供）。

自然に親しむとともに、人と人とのコミュニケーションを大事にした教育、保育を施すということが示されており、神道の考え方に沿った理念が掲げられている。

少子高齢化が進む中で、神社立の保育園や幼稚園、こども園においても厳しい経営状況の園もあると聞く。しかし、何よりもこうした児童の保育、教育は地域からの信頼を得て継続されているものでもある。時折、神社立の保育園や幼稚園の調査を行うと、どの園でも地域住民との関係性が非常に良好であることを耳にする。

私もかつて、東京・国分寺市内にある神社の社務所や境内を活用し、ニュージーランドのプレイセンター活動をモデルにして子育て支援を行っている団体の活動を事例にし、学術論文として明らかにしたところであるが、本来、神社の境内地には、氏子の子供たちを集わせる「場」としての特性、性格が備わっている。いずれにしても、元

白幡天神社の境内にある白幡天神公園。自治会や子供会の催しにも使われ、地域住民や子供たちの憩いの場になっている。

気な子供の声が今後も聞こえてくるような神社境内の「場」づくりが地域の人々とのかかわりの上でも大事であると考える。

その点でも、千葉県市川市の白幡《しらはた》天神社の鈴木啓輔宮司（故人）がかつて私に、「子供たちが裸足で歩いて遊べるほどに境内空間を清浄に保とうとすることが大事ですよ」と述べていたのは、神社と地域、子供とのかかわりを考える上で非常に印象深い言葉として心に残っている。鈴木宮司が仰ったその言葉の持つ意味を、「鎮守の森」とも称される神社の意義や神社神道の社会貢献活動の在り方とともにあらためて考えていきたい。

第七章

神前を守護するさまざまな「神使」

❖地域神社の由縁や人々の祈り

❁「砲弾を抱いた狛犬」に見る人々の心情

地域神社の調査を行うと、個々の神社の境内にある建物や鳥居、灯籠、狛犬《こまいぬ》など工作物のわずかな差異に驚かされることがある。

数年前のことであるが、神奈川県川崎市内の神社を調査していると、日露戦争の後に氏子地域の住民から奉納された一対の狛犬が拝殿前に置かれており、その狛犬は徹甲弾の一種と思われる砲弾を抱いていた。むろん、狛犬と一体となった石製で本物の砲弾ではないが、精巧に作られており、本物の徹甲弾と見間違うかのごとくの見栄えである。

私は、各地の地域神社に狛犬がいろいろな姿で据えられているのは理解していたが、砲

大戸神社（神奈川・川崎市）には砲弾を抱く一対の狛犬が置かれている。狛犬は古来、邪気を祓う神の使いで、神前を守護するものと考えられている。

弾を抱く狛犬の姿にはさすがに驚かされた。

こうした砲弾を抱いた狛犬は当該の社《やしろ》だけではなく、神奈川県内では横浜市内などにも点在する。戦前には凱旋《がいせん》した陸海軍の兵士が種々の戦利品を神社に奉納することがあり、特に日露戦争以後は、各地の軍人会で戦捷《せんしょう》記念碑や忠魂碑などを建立する際に、陸軍省や海軍省から実際の砲弾を、信管を抜いた上で無償で譲渡され、神社に奉納したケースも見られた。

平成二十九（二〇一七）年六月七日付『朝日新聞』朝刊（大分全県版）では、大分県内の十三市町で神社を中心に砲弾のような金属品が次々に発見され、七十八戸のうち十六個に信管が残っていたことから、自衛隊に不発弾の処理回収を依頼したと報じられている。翌年六月の調査では、大分県内で合計三百十個の砲弾が見つかり、そのうち神社や寺院に百十八個が奉納されていたが、多くは旧日本軍の砲弾であった。大分県だけでなく、群馬や石川など各県でも同様に、社寺で砲弾の奉納品が発見され、全国ニュースとなっていたため、読者にはご存じの方も多いだろう。

なお、古くは、神社に刀剣や甲冑《かっちゅう》などを奉納して戦勝や戦での平安無事を祈願し、戦勝の御礼を行う慣習が全国各地で見られたことから、近代に入って戦利品の砲弾が奉納品に加わったことは特別な事象ではなく、戦前期に全国各地で一般的に見られた事象であったと考えられている。それゆえ、ここでこの狛犬の存在を紹介したのは、神社に奉納された砲弾の危険性の有無や、砲弾を抱く狛犬の奉納自体の是非を問うものではない。紹介した神社の境内には「平和の礎」と称する戦没者慰霊碑があり、当該の神社のみならず、全国各地の神社や寺院に先の大戦の慰霊碑や忠魂碑が数多く建立されている。

大戸神社に建てられた「平和の礎」と刻まれた石碑。第二次世界大戦の戦没者慰霊と恒久平和の祈りが込められている。

私は、むしろ平和を希求する観点からも、砲弾を抱く狛犬をなぜ神社に奉納しようとしたのか、あるいは戦利品をなぜ神社に奉納しようとしたのか、戦没者慰霊碑や平和祈念碑をなぜ社寺に建立するのかという、人々の素朴な心情や奉納、建立の経緯を地域社会との関係性のもとで客観的にうかがう試みは、軍事史の視点だけでなく、宗教史や社会史の視点からも読み解いてゆく必要があると考えているからである。

細かな意匠が異なる狛犬の奥深さ

やや重い話から始めてしまったが、神社に置かれている狛犬は、読者の方々も知るような凜々《りり》しい立ち姿のものばかりであり、砲弾を抱く狛犬は極めて珍しいケースである。子供の狛犬を抱き、狛犬の親子で一つの台に据えられている狛犬や鞠の上に乗るもの、鞠を抱くもの、お城の屋根に置かれるシャチホコのように海老反りしたような形のもの、尾が立つもの、寝そべるものなどさまざまな形があり、思わず微笑《ほほえ》んでしまうようなコミカルな姿のものもある。

また、狛犬自体の大小はもとより、奉納される年代によっても特徴がある。江戸期に奉納された狛犬などは、当時の石工らがその技術を競うかのごとく制作されている場合もあるほか、ある特定の地域の狛犬の形が別の地方に伝播《でんぱ》するなど、狛犬の形状にも分類、地域差が見られる。例えば、岡山県では県内の石工の手によるもののみならず、備後尾道の石工や、讃岐小豆島の石工が制作したものも多く見られ、備前焼の狛犬もある。また、鳥取市の賀露《かろ》神社には笏谷石《しゃくだにいし》で作られた越前狛犬と呼ばれる形式の狛犬が現存し、北前船が寄港する地の神社に奉納されていることが多い。なお、同社には大正期に奉納された狛虎もある。

一方で、千葉県流山市の諏訪神社のように、長崎県の平和祈念像を制作した彫刻家・北村西望氏が作った狛犬が、同じく北村氏作の源義家の献馬像とともに境内に安置されている神社もあり、美術品としての価値も非常に高いのではと思われる狛犬もある。近年では、個人でインターネットのウェブサイトを開設し、各地の狛犬の写真を掲載している民間の狛犬研究家も多く存在する。そのほか狛犬博士として知られた上杉千郷氏（故人）による『狛犬事典』（戎光祥出版）なども出されており、一社ごとの神社の由緒や特徴と同様、細かな意匠が異なるなど実に奥深いのが狛犬でもある。

❋ 神使として祀られた動物たち

狛犬は、天皇や皇后の座である御帳台《みちょうだい》の隅に邪気を祓《はら》う魔除《まよ》けの意味も含め、御簾《みす》などの鎮子として置かれたことでも知られる。我が国では、もともと尊貴なもののそばにあり、これを守る存在としても考えられてきた。江戸時代以降は、神社の境内に石造のものとして置かれるようになったが、大正九（一九二〇）年に創建された明治神宮のように、古来の狛犬の在り方に倣って、本殿の内陣（御神前に最も近い場所）や神楽殿内に置かれているようなケースもある。明治神宮のウェブサイトには、なぜ他の神社のように狛犬が境内に置かれていないのかという理由が掲載されている。人々の目に触れる場所ではないものの、実際にはしっかりと本殿内に置かれているのである。

狛犬は、神使《しんし》（神の使者＝眷属《けんぞく》）の一種であり、邪気を祓い神前を守護するものである。先に明治神宮の狛犬についても取り上げたが、現在では、主に拝殿の左右や参道の入り口の脇などに雌雄一対の形で鎮座している。材質は石製が多く、木製もあるほか、青銅・鉄など金属製、大理石やコンクリート製もある。変わり種の狛犬としては備前焼の狛犬もある。時代が古いものほど木製が多いが、これは狛犬が門やお堂、社殿の中といった屋内に置かれていたためである。

狛犬の起源はインドやペルシャ、エジプトであると考えられている。その名の由来については、一説には平安時代ごろまでに唐（中国）から朝鮮半島の高麗を経て我が国に伝わり、「高麗犬《こまいぬ》」と称されていたものが、後に「狛犬」の漢字を当てるようになったと考えられている。

武蔵御嶽（みたけ）神社（東京・青梅市）の狛猪（こまじし）。全国には、猿や狐、鹿などさまざまな動物の神使が置かれている。

また、もともとは左右別々の霊獣であり、外見上の違いとしては、口を開けて吠えているのが「獅子」、閉じたものが「狛犬」とされ、狛犬には角が生えているものが多い。狛犬の口の開閉の違いは、東大寺南大門の金剛力士像（仁王像）などと同様、仏教の真言の一つである「阿吽《あうん》」の形であるとされ、「阿」はサンスクリット語で最初の音、「吽」は最後の音で、阿形吽形の一対で宇宙の始まりと終わりを示すと考えられている。

神使は狛犬以外にも、兎《うさぎ》や猪《いのしし》、烏《からす》などさまざまな鳥獣・虫魚がおり、個々の神社に祀《まつ》られる祭神と何らかの由緒、縁があるものが多い。こうした神使を信仰することを眷属信仰と呼ぶ。例えば、稲荷神社の狐《きつね》はもとより、埼玉県の三峯神社が狼《おおかみ》、奈良県の春日大社が鹿、三重県の二見興玉《ふたみおきたま》神社が蛙《かえる》、京都の北野天満宮が牛、同じく護王神社が猪、大阪の住吉大社が兎であることは有名である。

さらに、岡山県の中山神社は寝そべった牛の像も著名だが、境内に一見すると狛犬のようにも見える狛猿《こまざる》が置かれており、参詣者を出迎えている。狛猿はほかにも滋賀県の日吉大社や東京都千代田区の日枝神社などにも置かれ、何事にも「まさる」という語呂とも相まって篤く信仰されている。珍しいものでは、静岡県の三嶋大社の神使とされる鰻《うなぎ》や、秩父神社の梟《ふくろう》がある。神社にお参りされる際には、こうした神使にも着目してみると御利益も一層高まるかもしれない。

第八章

工匠の技で築く

❖「文化共存の姿」

❖ 国宝「吉備津神社」——独創的な建物構造

やや旧聞に属するが、令和三（二〇二一）年二月十三日付の「毎日新聞」朝刊に、岡山県岡山市北区にある国宝・吉備津神社拝殿や県指定文化財の廻廊《かいろう》に傷を付けた男性が、文化財保護法違反の疑いで逮捕されたとの報道があった。平成二十七（二〇一五）年にも十六府県四十八カ所の社寺の楼門《ろうもん》や柱、賽銭箱《さいせんばこ》などにお清めと称して油をまいた行為により、日本国籍を持つ米国在住の医師の男性が建造物損壊容疑で逮捕されたことがあった。最近でも泉涌寺《せんにゅうじ》で同種の報道があったが、しばしば油などを社殿や楼門に撒いたという報道を耳にすることがある。社寺のように古くから人々に信仰され、我が国の伝統

徳川家康ゆかりの浅間神社（静岡・富士宮市）。浅間造と称される本殿は社殿の上に別の社殿が建つ、他に例を見ない二重の楼閣造となっている。

文化を継承するものとして大切にされてきた伝統的建造物を損壊、汚損する行為は決して許されるものではない。

前述の吉備津神社は「桃太郎伝説」でも知られる三備（備前・備中・備後のこと）随一の大社である。先に述べた総延長三百九十八メートルの廻廊や、鳴釜《なるかま》神事が行われる御釜殿《おかまでん》も著名だ。最も著名なのは応永三十二（一四二五）年に室町幕府の三代将軍足利義満が造営したと伝えられる「吉備津造《きびつづくり》」と称される形式の巨大な本殿である。

入母屋《いりもや》の千鳥破風《ちどりはふ》を前後に二つ並べ、同じ高さの棟で結んでこれを檜《ひ》皮《わだ》で葺《ふ》き、「エ」形の一つの大屋根にまとめた建物構造を、建築学上は「比翼入母屋造《ひよくいりもやづくり》」と称する。この本殿の大きさは、桁行約十四・六メートル、梁間《はりま》約十七・七メートル、高さ（土台下端から箱棟上端まで）約十二メートルもあり、神社の本殿としては、京都府の八坂神社本殿（国宝）に次ぐ大きさで、二十四メートルの高さのある出雲大社本殿（国宝）の二倍以上の広さがある。

なお、本殿内部には朱塗りなどの施されている箇所があることなど、仏教建築の影響はもとより、和様、唐様《からよう》、天竺様《てんじくよう》の三様式が混合折衷された建物であると考えられている（藤井駿著『吉備津神社』日本文教出版）。

一方、寺院建築の中にも吉備津神社本殿と相似する壮観な堂宇《どうう》が存在する。千葉県市川市の日蓮宗大本山中山法華経寺の境内にある宗祖・日蓮聖人を祀《まつ》る祖師堂である。近年、著名タレントが出演するテレビCMのロケ地となっていたため、見覚えのある方も多いだろう。

この祖師堂は、延宝六（一六七八）年に建立されたもので、吉備津神社より二百五十年ほど後の江戸時代に建てられたものである。千葉県内の仏教寺院の堂宇では最大級であり、こちらも仏教寺院の中では全国唯一の形式で建てられたものだ。ただし、吉備津神社本殿には拝殿が付随することや、かまぼこの形に似た白漆喰《しろしっくい》の亀腹《かめばら》と呼ばれる土台の上に建てられているため、外観面でやや差異があるほか、内部の意匠《いしょう》・構造も異なる（双方ともに外陣・内陣を持つが、吉備津神社本殿は中央に進むにしたがって床と天井が高くなる構造）。そのため、完全な同一形式で建てられた建物とは言えないが、比翼入母屋造で建てられた社寺建築が東西にそれぞれ現存する事実を考えるだけでも実に興味深い。

古代の住居から発展――神社の本殿形式

神社建築、寺院建築などと称されるものには、それぞれ特色を持った建物がある。神社建築では本殿や拝殿、幣《へい》殿、神楽《かぐら》殿、鳥居などであり、寺院建築には五重塔や多宝塔、金堂、講堂、山門、鐘楼などがある。これらは神社・寺院それぞれの構成要素となっている。神社の場合は、本殿が神の住居でもあるだけに、祀られる神の特性や地方色なども加味され、各地の古民家などと同様、独特な様式が生み出されてきたケースもある。

また、神社の本殿は、伊勢神宮のように二十年に一度、式年造替遷宮《しきねんぞうたいせんぐう》がなされながらも、「唯一神明造《ゆいいつしんめいづくり》」と呼ばれる社殿そのものの建築様式が千三百年にわたってほぼ原型を変えることなく、現代に継承されてきたようなケースもある。

しかしながら、神社の本殿の建築様式の中には、仏教的な造型からの影響を全く受けていないというわけではなく、古式が保持されて寺院建築の色彩が一部分に限定される

比翼入母屋造で建てられた吉備津神社の本殿（写真上）と法華経寺の祖師堂（同下）。神社建築には、寺院の造りの影響を受けた建物が少なくない。

ものや、逆に、寺院建築の影響を濃厚に受けてきたものもある。反りのついた曲面の屋根や丹塗《にぬ》りの建築などがその一例として挙げられるが、こうした点について述べる前にまず、本殿形式の種類について少し述べておかねばならないだろう。

　神社の本殿様式は、大きく二種類に分けられる。古代の住居から発展したとされる「妻入《つまいり》」形式の本殿と、穀物を収める倉庫から発展した「平入《ひらいり》」形式の本殿である。

　この妻入形式と平入形式の一番の差異は、屋根の向きと建物の入り口の位置にある。屋根の平らな面の部分にあたる「平」側の屋根の下に入り口があるのが平入形式で、屋根の端の三角に見える「妻入」の側の下に入り口があるのが妻入形式である。平入形式で最も著名な神社本殿の建築様式は、流造《ながれづくり》と呼ばれる様式である。流造は全国各地の神社で用いられている形式で、神社に祀られる祭神などに関係なく、神社本殿の中で最もポピュラーな様式だ。大正期に明治神宮の本殿を建てる際にも、どのような本殿様式を採用するか、あるいは「明治」という時代において近代化の象徴のような存在である明治天皇を祀る社だけに、新例として独自様式にするかなどの議論がなされたことが知られている。結果として奇抜な様式にするのではなく、むしろ我が国で最も多く採用されている本殿様式である流造を用いるべきという意見で採用された経緯がある。

神社の歴史の中でも、古い時代の社殿形式を伝えるものとして知られるのが、伊勢神宮と出雲大社、住吉大社である。伊勢神宮に代表される神明造は平入形式、出雲大社の大社造と住吉大社の住吉造は妻入形式であるが、いずれも仏教伝来以前からの形式で寺院建築の様式をほとんど受容していないと考えられている。

長い年月をかけ変わりゆく建築様式

仏教伝来以後、平安時代になってからは寺院建築の影響を受けて屋根に反りをつけた建物が多く見られるようになった。先に掲げた流造や奈良県の春日大社の本殿に代表される春日造は仏教建築の影響を受けたものであり、同様の影響を受けたものには八幡造、日吉造《ひえづくり》、祇園造《ぎおんづくり》、権現造、浅間造《せんげんづくり》などがある。八幡造は、大分県の宇佐神宮、京都府の石清水八幡宮を代表とする本殿形式であるが、本殿の前に前屋を設けて殿舎《でんしゃ》との間を相の間として前後に別々の屋根をかけて二棟を一棟にして一つの本殿とするという形である。これは寺院建築でいうところの双堂と趣が近い。

また、日光東照宮（栃木県日光市）や久能山東照宮（静岡県静岡市）に見られる相の間が土間である権現造も類似する形式である。さらに、神社の本殿建築で一番風変わりなものは浅間造で、その一番の特徴は本殿が二階建てになっていることだ。この他にも香椎造《かしいづくり》や生國魂造《いくたまづくり》など複雑な屋根構造を持つ本殿もある。なお、諏訪大社（長野県）の幣拝殿も本殿ではないが、二階建ての拝殿としては類例のない形式である。

各神社でさまざまな建築形式が見いだされ、平安時代の初期頃からは、例えば廻廊や楼門などに見られるように、仏教的な造型は本殿以外の神社建築の中にも受容されてきたと考えられている。

戦前期までの神社の社殿は、木造以外の建立はあり得ないという風潮であったが、昭和三十一（一九五六）年に再建された生國魂《いくくにたま》神社（大阪府）の本殿に代表されるように、戦後になり火災や地震などの防災対策のため、外観は既存の和風建築の様式ながらも、鉄筋コンクリート造で建立される社殿も見られるようになった。特に阪神・淡路大震災で

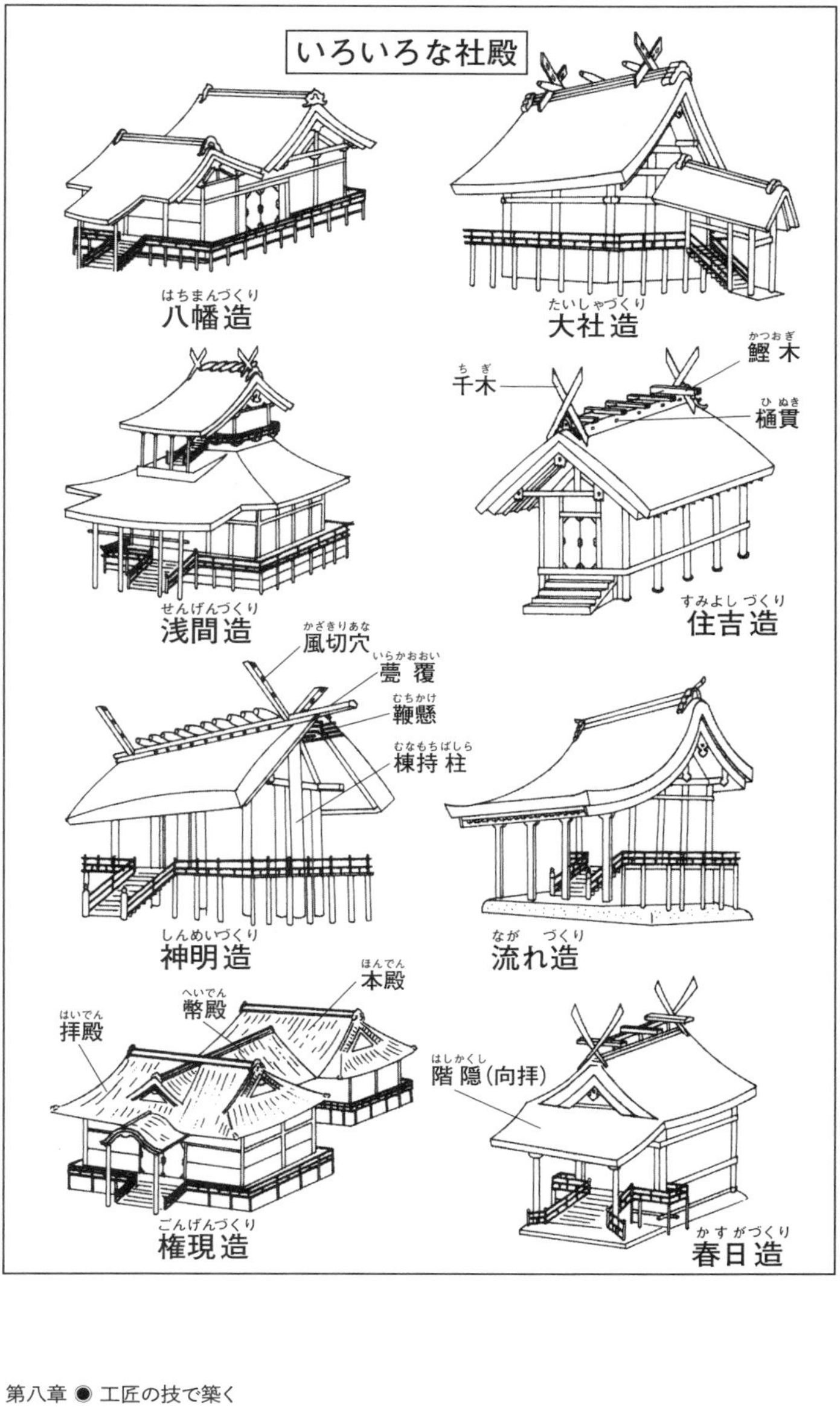
いろいろな社殿
八幡造《はちまんづくり》
大社造《たいしゃづくり》
鰹木《かつおぎ》
千木《ちぎ》
樋貫《ひぬき》
浅間造《せんげんづくり》
住吉造《すみよしづくり》
風切穴《かざきりあな》
甍覆《いらかおおい》
鞭懸《むちかけ》
棟持柱《むなもちばしら》
神明造《しんめいづくり》
流《なが》れ造《づくり》
本殿《ほんでん》
幣殿《へいでん》
拝殿《はいでん》
階隠《はしかくし》(向拝)
権現造《ごんげんづくり》
春日造《かすがづくり》

倒壊した神戸の生田神社拝殿の再建以後、その傾向は顕著となっている。

さらには、危機管理上の問題や度重なる建築基準法の改正による耐震基準の変更もあって、近年は新築を除く木造での社殿の建て替えや大規模修繕工事の実施に、なかなか困難な状況があるとも聞く。しかしながら、長い年月をかけ人々によって築き上げられてきた文化共存の姿でもある社寺建築の様式や木造建築の施工技術は、一度廃れてしまうとその継続は極めて困難となる。社殿の装飾や彫刻、彩色の技術とともに、これからもこうした工匠《こうしょう》の技術は、ぜひ後世に継承してもらいたいものである。

第九章

感染症の厄難と神社

❖防疫を願う人の心に寄り添う

コロナ禍における参拝と護持・運営の課題

令和三（二〇二一）年のお正月の初詣は、例年の光景とは大いに異なる様相であった。明治神宮や成田山新勝寺、川崎大師などをはじめ、東京や大阪、京都など各地の有名な社寺で「一月一日の参拝者が昨年比で何割減少した」などと、社頭の様子を新聞やテレビ等のマスメディアが報じた。令和二（二〇二〇）年一月末から続く新型コロナウイルスの感染拡大は、従来の元日風景までも一変させたのである。例年、三が日の参拝者が三百万人を超える明治神宮では、新型コロナウイルスの感染防止策の一つである「密」を避けるために、大晦日《おおみそか》の夜から元旦までの夜間閉門が実施されたことは、読者の方々も記憶にあるだろう。

毎年、多くの参拝者で賑《にぎ》わい、人々の祈りを受け入れてきた神宮側にとって、正月の初詣の折にこのような対策を取ることは、危機管理・衛生上の観点からやむを得ないことであったとはいえ、苦渋の決断でもあったと言えよう。私が実際に伺った話であるが、令和二（二〇二〇）年四月の最初の緊急事態宣言の期間に、境内の閉門を決めたある神社では、毎朝参拝に訪れる篤信の崇敬者らから「どうしても本殿の前まで進み、お参りをしたいのだが、できないだろうか」という悲痛な問い合わせが相次いだという。コロナ禍は、社寺に対する素朴な人々の信仰の心と形を、一時的ではあるが奪ってしまったのだ。

その一方で、別の神社では緊急事態宣言の期間中だけという名目で、神社に参拝した際に社頭で頂くことが本義のお札やお守りを、郵送や電子メール等で申し込み、送付できるところも見られ、神社本来の在り方、頒布にかかる自主規制を、やむを得ず崩すような事例も見受けられるようになった。

東京・浅草の三社祭や京都の祇園《ぎおん》祭、大阪・岸和田のだんじり祭りなどの大規模な祭礼も、令和二年度は神輿渡御《みこしとぎょ》や山鉾巡行《やまほこじゅんこう》などを中止せざるを得ない状況となり、各地域の神社祭礼も同様に規模の縮小、もしくは中止を決断するケースが相次いだ。本殿での少人数での祭祀《さいし》自体は斎行するものの、神輿渡御など祭礼への参加を通じて神社そのも

感染症が流行する中で迎えた令和三年の正月。全国の神社では感染リスクを避けるため、マスク着用や対人距離の確保、消毒の徹底等の対策が取られた。東京・渋谷区の金王八幡宮。

のと人々とが触れ合う機会が減少したことは、コロナ禍がひしひしと神社信仰に影響を及ぼすに至っていることを直《じか》に感じ取る出来事でもあった。

全国の各神社では、新型コロナウイルスの感染拡大を受けて、社頭での神《しん》符《ぷ》・守札《しゅさつ》等の授与時の感染防止策に加え、参拝時の「密」を避けるため、年末には初詣参拝の分散化が呼びかけられ、十二月中旬からの「幸先詣《さいさきもうで》」の広報も積極的になされるなどの対策が取られていた。こうした事象も含め、神社の護持・運営の問題と神道教学上の問題との兼ね合いをどう解決するかが、このコロナ禍によって課題として浮かび上がったのである。

一方、地域所在のいわゆる氏神神社と称されるような社《やしろ》では、令和三（二〇二一）年の正月も例年同様、もしくは例年よりもやや少なかった程度で、感染防止策を講じつつ参拝者や新年祈禱《きとう》を受け入れたというケースもあったと聞く。その点では地域所在の人々で護持・運営されてきた神社の強さを実感した次第である。

疫病から身を守るため、神仏の加護を祈る

顧みれば、我が国は古くから感染症に悩まされてきた。それだけに祭礼や法会などの形で疫病の退散を祈り、神仏の加護を願ってきた。疫病の厄難から人々を守る神としては、薬神としても知られる少彦名命《すくなひこなのみこと》が著名だ。関東では茨城県の大洗磯前《おおあらいいそさき》神社や酒列磯前《さかつらいそさき》神社、神田神社などが少彦名命を祀《まつ》る社として知られている。

また、大阪市中央区道修町の少彦名神社は、少彦名命と中国の薬神である神農《しんのう》さんを祀る。江戸時代にコレラが流行した際に、薬とともに疫病除けとして張り子の虎を授与したことから、毎年十一月に斎行される「神農祭」では、笹につるした首振りの張り子の虎が授与されている。かつてはコレラを「虎列刺」と表記していたが、コロリとも呼んでいたため、「虎狼利」という漢字が充てられた。それゆえ、虎を利する狼という漢字の語呂から、「狼は虎よりも強い」という言説が流布された。このことが契機となり、

狼を神使とする同社にコレラ除けの神社としての信仰が付加されることになった。狼にちなむ由緒を持つ岡山県高梁《たかはし》市の木野山神社は、中国・四国地方に疫病除けの社としての信仰で知られ、木野山信仰が伝播《でんぱ》するに至ったことは、その一例である。

次に奈良時代の『備後国風土記』逸文に記された「蘇民将来《そみんしょうらい》」の説話で知られ、疫病除けの神として全国各地の八坂神社や氷川神社、津島神社の御祭神として祀られている素戔嗚尊《すさのおのみこと》（須佐之男命《すさのおのみこと》）を挙げる。特に京都・祇園にある八坂神社では、コレラが流行した明治十（一八七七）年、スペイン風邪が流行した大正七（一九一八）年、令和二（二〇二〇）年四月八日、五月二十日に疫病退散、早期終息の特別神事が斎行されている。

このほか、疫病除けの神事は、疫病鎮圧のための国家的祭祀として養老令の注釈書『令義解《りょうのぎげ》』（八八三年完成、翌年施行）に記されている、奈良県の大神《おおみわ》神社の鎮花祭《はなしずめのまつり》と、同社の摂社・率川《いさがわ》神社の三枝祭《さいくさのまつり》がある。鎮花祭は四月に斎行され、現在も邪気を祓《はら》う桃の花枝を添えて薬草の忍冬《すいかずら》と百合根を神前に供え、春に舞い散る桜等の花びらから流行す

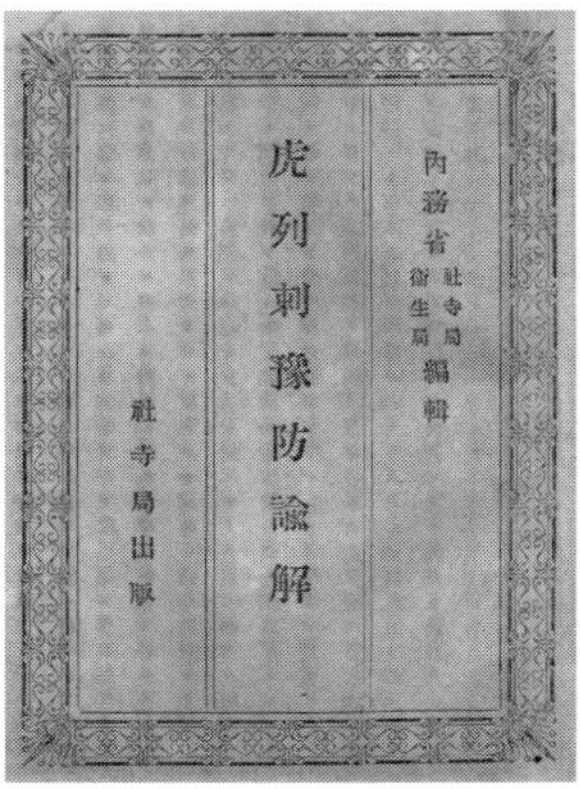

明治十三年に内務省が発行した『虎列刺豫防諭解（これらよぼうのゆかい）』。前年に大流行したコレラの被害を教訓とし、その予防法や心構えなどが記されている。

ると考えられた疫神を鎮めることを祈願する祭である。この鎮花祭は、摂社の狭井《さい》神社でも行われている。

✹疫病流行を機に行われるようになった祭事

三枝祭は、御祭神の媛蹈鞴五十鈴姫命《ひめたたらいすずひめのみこと》が笹百合を好んだ伝承にちなみ、六月に特殊神饌とともに笹百合の花で飾った酒樽《さかだる》を神前に供え、鎮花祭とともに疫病を鎮めることを祈る祭である。

なお、祭礼に併せて氏子らが大蛇を藁《わら》で作り、地域を練り歩いて神社に奉納することで、疫病退散と無病息災、地域の安寧、五穀豊穣《ほうじょう》、雨乞いなどを祈願する祭事が各地に残されている。これは「藁蛇《わらへび》」とも呼ばれるタイプの祭礼で、東京都世田谷区の奥澤神社の「大蛇祭り」や、横浜市港北区新羽町の杉山神社の「注連《しめ》引百万遍の藁蛇」、栃木県小山市間々田の間々田八幡宮の「蛇祭」、三重県津市白塚の八雲神社の「やぶねり」神事などが挙げられる。いずれも江戸時代の疫病の流行に由来して行われるようになった祭事だ。特に「やぶねり」神事は、須佐之男命が退治した八岐大蛇《やまたのおろち》をまねた青竹を束ねて作った「やぶ」を担ぎ町中を練り歩いて悪疫退散を願う行事であるが、見物客が多いため、残念ながら「三密」を避けるために令和三年度はやむなく中止となった。

感染予防として初詣の分散参拝を呼びかける立て看板。三密（密集、密接、密閉）回避のための幸先詣や、節分の前日までを初詣期間と考えて人ごみを避ける参拝が促された。

以上述べてきたように、いつの時代も感染症の厄難に対し、神社は人々の心の安寧を祈るとともに、さまざまな神事を通じて防疫を願う人々の気持ちに寄り添ってきた。私は人々の叡智《えいち》と忍耐で、このコロナ禍の中で社会的苦難を一つずつ乗り越え、一日でも早く、コロナ禍前と同じように再び人々が祭礼で賑わう日が来ることを願ってやまない。

（付記）なお、令和五（二〇二三）年の正月の初詣は、ワクチン接種や感染対策も進んでコロナ禍も少しずつであるが、収束に近づいたこともあり、徐々にコロナ禍前と変わらぬ賑わいを取り戻しつつある神社も増えた。同年五月に政府によって感染症の分類が第五類に引き下げられてから、全国各地の祭礼に神輿や山車などに多くの人々が参加し、神社境内が再び多くの人々で賑わうようになったこともここに記しておきたい。

第十章

あらゆる場所に神を祀り安寧を願う

❖現代社会における鎮守の神

❈「村の鎮守」の歴史をたどる

明治四十五（一九一二）年、文部省発行の『尋常小學唱歌（第三學年用）』（音楽教科書）に掲載された「村祭」の歌詞の冒頭には、「村の鎮守」という言葉が登場する。「村祭」は、GHQ（連合国軍総司令部）による占領下の昭和二十二（一九四七）年に三番の歌詞の一部に改変がなされたものの、戦後も長く歌い継がれてきた唱歌であり、読者の方の中にもかつて、小学校時代にこの唱歌に触れた方がいるだろう。

唱歌が制定された当時と比べ、現代は電車やバス、自家用車など移動手段が増え、その利便性も向上した。それにより、都会や田舎を問わず住居から遠く離れた地に通勤・

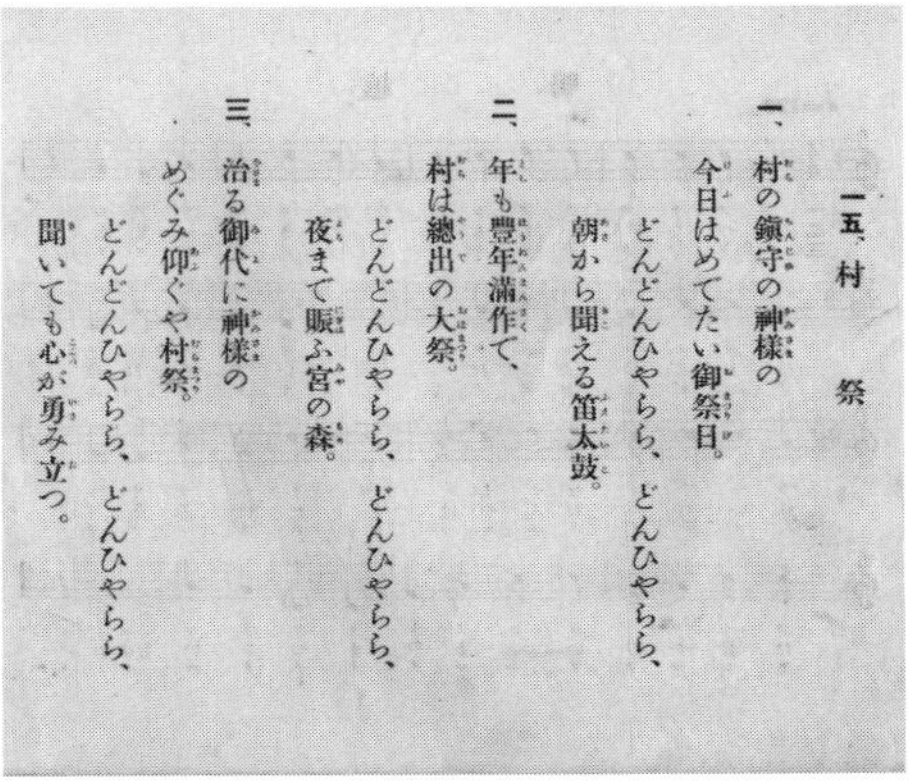
一五　村祭

一、村の鎮守の神様の
今日はめでたい御祭日。
どんどんひやらら、どんひやらら、
朝から聞える笛太鼓。

二、年も豊年満作で、
村は總出の大祭。
どんどんひやらら、どんひやらら、
夜まで賑ふ宮の森。

三、治る御代に神様の
めぐみ仰ぐや村祭。
どんどんひやらら、どんひやらら、
聞いても心が勇み立つ。

『尋常小學唱歌』に掲載された「村祭」の歌詞。秋の豊作を祝う内容になっており、多くの人々に親しまれてきた。

通学することも可能となり、平日は仕事や学校を終えて自宅に就寝のために帰るだけという日々を過ごす人も多い。こうした社会状況では、普段、自身が住まう地域に目を向ける時間も限られ、居住する地域を守る「村の鎮守」というフレーズもなかなか実感し難い人も少なくないように思われる。

その一方で、令和二（二〇二〇）年の春以来、新型コロナウイルスの感染拡大の中で「三密」を避けるため、会社への通勤よりも自宅でのリモートワークが推進されるようになったことで、各々《おのおの》が住まう地域へ目を向け、地域の魅力を再発見する機会を得た方々もいるのではないだろうか。

「鎮守」とは、「その地域（の住民）を災害から守る神」（『新明解国語辞典』第四版）とされ、いわゆる地域所在の「氏神さま」と呼ばれる神社がこれに相当する。しかし、「鎮守」とされる神を祀《まつ》る社《やしろ》は、何も氏神の神社に限定されるものではなく、我が国においてはさまざまな場所で「鎮守」の社の存在をうかがい知ることができる。中には、歴史的経緯から見て興味深いものもあり、本章では「鎮守」の社について述べてみたい。

慶応四（一八六八）年三月、政府から出された神仏判然令に基づいて、多宝塔や鐘楼《しょうろう》、堂宇《どうう》、鰐口《わにぐち》、仏形の木像など神社の境内、社殿に見られた仏教的な色彩のある建物・仏具等は除去されることとなった。神仏判然令については、排仏毀釈《はいぶつきしゃく》が起きたことから、法令の本来の意図とは異なる動きが起きたことも事実であるが、そもそも神社の中にある仏教的な色彩を除去することが政府の出した指令の主たる目的であった。そのため、寺院の境内に仏教を守護する護法善神《ごほうぜんじん》（大黒天や吉祥天など天部と称される神々）などを祀った堂宇は、分離独立・移転したものもあったが、その多くは廃絶されることなく存続した。これが現在も寺院境内にある鎮守社と呼ばれる社である。

例えば、平安時代初期の薬子《くすこ》の変で、空海が嵯峨天皇の勝利を祈禱《きとう》した京都府の東寺（教王護国寺）にある鎮守八幡宮のように、歴史的にも著名な鎮守社もある。同じく相国寺にも境内に宗旦稲荷社《そうたんいなりしゃ》、弁天社が鎮座している。東大寺大仏殿の東、三月堂（法華堂）のすぐ南にある手向山《たむけやま》八幡宮も、東大寺を守護するため天平勝宝元（七四九）年に大分県の宇佐神宮から勧請された由緒のある鎮守社の一つである。

寺院以外にも戦国時代から江戸時代にかけて、大名が築いた城郭にも鎮守社が存在する。江戸城には最初の城主である太田道灌が築城の折、鎌倉時代に江戸氏が山王社を江戸郷の守護神として祀っていた経緯から、山王社を川越から勧請して城内の鎮守としたことが知られる。この山王社はのちに江戸城内から隼町へと移され、さらに赤坂の溜池山王へと遷座され、江戸城の裏鬼門を守護する皇城の鎮めの社となった。これが現在の日枝神社である。

同社は、国政の中心地である千代田区永田町に鎮座する神社でもあることから、国会議員らの参詣や祈願の多い社としても知られている。このほか、江戸城には、西の丸の東北にある紅葉山に、元和四（一六一八）年に東照宮（現存せず）が創建されていたことが知られる。慶長、元和にかけて江戸城が増築された際には、神田神社を移転して江戸城の鬼門を守護し、以後、江戸総鎮守として広く尊崇されるようになったのである。

それぞれの守護神として鎮座する社

こうした社は寺院・城郭だけにとどまらない。近代に入ると会社や工場などにもそれぞれの鎮守として、ビルの上や工場内に神社を創建しているケースがある。いわゆる「企業の神社」と呼ばれるものだ。この企業内に創建された社については、昭和六十一（一九八六）年に宗教民俗学者の宇野正人氏によって『企業の神社』（神社新報社）が発刊さ

ラゾーナ川崎プラザに遷座されたラゾーナ出雲神社（写真右上）。〝縁結びの聖地〟として有名な出雲大社（島根県）から分祀され、多くの買い物客が足を運んでいる。

れており、同書には四十九社の企業が祀る社が紹介されている。

例えば、三菱関連企業には稲荷社が祀られているケースが多い。これはもともと大阪府の土佐藩の蔵屋敷に守護神として祀られていた稲荷社を、明治期に入り、岩崎彌太郎が屋敷とともに継承して土佐稲荷神社として再興し、三菱商会の守護神として崇敬したことから、土佐稲荷神社は三菱ゆかりの社となっている。なお、一例ではあるが、三菱グループ傘下の三菱ふそうトラック・バス株式会社の本社がある神奈川県川崎市中原区の川崎製作所内には、鹿島田稲荷神社が鎮座している。

興味深いのは、川崎市幸区にある三井ショッピングパークの一つ「ラゾーナ川崎プラザ」の四階に鎮座するラゾーナ出雲神社である。明治四十一（一九〇八）年から稼働していた東芝川崎事業所（旧堀川町工場）内に鎮守社として祀られていた出雲神社が、平成十二（二〇〇〇）年に川崎事業所が閉鎖した後、平成十八（二〇〇六）年のラゾーナ川崎プラザの建設に際し、改めて社殿を設けてショッピングパークの鎮守神として遷座されたケースである。以後、ショッピングのために訪れた人々が出雲神社に参詣する姿が見られるようになり、東芝の工場時代とは異なって、広範な地域から多くの人々が詣でる社となった。

また、正式な神社ではないが、サッカーJ１の川崎フロンターレのホームグラウンドである等々力陸上競技場には、場内の北隅にフロンターレ神社と称される小さな社がある。同社には、川崎フロンターレのマスコットキャラクターである「ふろん太」が、社の中にお札とともに祀られており、鳥居や賽銭箱《さいせんばこ》（試合開催時のみ設置）もある。川崎市内の若宮八幡宮には同社から分祀《ぶんし》されたフロンターレ神社（非公開）もある。Jリーグのシーズン開幕前には、川

等々力陸上競技場に安置されたフロンターレ神社には、川崎フロンターレの勝利を願って多くのサポーターが参拝する。

崎フロンターレの選手らは若宮八幡宮や川崎大師（真言宗智山派大本山金剛山金乗院平間寺）へと必勝祈願に赴くが、それ以外にも、川崎フロンターレ主催でこのフロンターレ神社に若宮八幡宮の神職を招き、試合運営の安全や必勝祈願などが行われている。同社は試合日のみ開扉され、別の競技イベントの際には閉扉している。勝利を願うファンから賽銭箱に寄せられた浄財は川崎市環境局に寄付され、競技場の修繕・整備基金に充当されている。このような事情から見ても、川崎フロンターレおよびそのファンにとってこの社は、まさに川崎フロンターレの鎮守神と言えよう。

ここでは、村の鎮守に始まり、城、企業、サッカーチームなど、さまざまな場所に鎮守の社が点在する姿を述べた。我が国ではあらゆる場所に神を祀り、日々の安寧を願ってきたことをうかがい知ることができる。社会の移り変わりの中で、かつての備中板倉藩邸の稲荷社がのちに中野刑務所（現在は廃止）内の稲荷社となった事例やラゾーナ出雲神社のように、工場の神からショッピングパークの神へと鎮守の神のありさまが転換することもある。前出の宇野氏が『企業の神社』を発刊してから三十五年余。そろそろ、現代社会における鎮守の神の在り方や変容の姿にも、改めて調査や分析を行っていく時期にあるものと考えている。

第十一章

相撲の歴史と神道

❖五穀豊穣を祈念し、豊凶を占う

諸説ある相撲の起源

毎年、新春の初詣が一段落つく頃になると、明治神宮の拝殿前で大相撲の横綱力士による「手数入り《でずい》」と呼ばれる奉納土俵入りが行われる。コロナ禍で令和二（二〇二〇）年は中止されたものの、毎年一月五日から八日頃の、大相撲の初場所前に実施される行事で、令和三（二〇二一）年は場所後の二月一日に行われた。テレビのニュース番組等で報道され、また、三月の大阪場所後の春巡業に際しても伊勢神宮や靖國神社で奉納されているので、神社での横綱の奉納土俵入りは読者にはご存じの方も多いだろう。

この土俵入りで力士が四股を踏むことは、大地を鎮めるための地固めの儀式とも考えられている。地を踏み天長地久を祈るとともに、地霊の邪神を踏み祓《はら》い鎮めることで土俵の安全を祈る。宗教的には大地の悪《あ》しき気を祓い、春先の大地を目覚めさせるという秋の豊作の予祝的な意義があるとも考えられてきた。相撲史の研究で知られる池田雅雄氏によれば、城や屋敷を建てる際に力士を招き、地鎮祭にあたる「地固め式」をした例が多くあるという（池田氏『大相撲史入門』角川ソフィア文庫）。

相撲の起源には諸説ある。一説には『日本書紀』垂仁天皇七年七月の条に、天皇が遣《つか》わした野見宿禰《のみのすくね》と大和国の豪族であった當麻蹶速《たいまのけはや》の両者が「角力《すまひ》」で対戦したとの記述があり、この「角力」が相撲の起源と考えられている。それゆえ、野見宿禰と當麻蹶速は共に相撲の神とされている。野見宿禰を主祭神として祀《まつ》る神社は、私の知る限り全国に二十六社ある。居宅跡と伝えられる地には、大野見宿禰命《おおのみのすくねのみこと》神社（鳥取市徳尾）がある。

また、両国国技館に近接する野見宿禰神社（東京都墨田区亀沢）では、新たに横綱に昇進した力士が最初に開催される本場所（東京）前に土俵入りを行う習わしがある。

奈良時代には聖武天皇の御代に毎年、貴族たちを中心に七夕祭りの余興として相撲の天覧行事が催されていたが、徐々に七夕行事から分離された。八世紀から十二世紀にかけては、朝廷の年中行事として天皇臨席のもと、「相撲節会《すまいのせちえ》／相撲節」という儀式が行われていた。節会とは朝廷の節日（季節の変わり目に行うお祝いの行事／元旦、白馬《あおうま》、踏歌《とうか》、端午、

東京・渋谷区の氷川神社に隣接する氷川の杜公園内には、世田谷八幡宮（世田谷区）と品川区大井の鹿嶋神社の相撲とともに「江戸郊外三大相撲」と称された金王相撲が行われた土俵跡が現存する。

相撲、重陽、豊明《とよのあかり》など）に行われるもので、中でも相撲は射礼《じゃらい》、騎射《うまゆみ》とともに重要行事である三度《さんど》節《せち》の一つとなっていた。その後、弘仁年間に宮廷の儀式を定めた『内裏式』の中に独立した儀式として記され、国家の安泰と五穀の豊穣《ほうじょう》を祈願するとともに、農作物の豊凶を占う国家的行事の一つとされた。

また、平安末期の記録によれば、八月に松尾大社、石清《いわし》水八幡宮《みずはちまんぐう》、九月には賀茂上下社などでも祭礼に併せて相撲節の様式に倣って、奉納相撲が催されたとある。その後、京都のみならず、常陸の鹿島神宮、信濃の諏訪大社、豊前の宇佐神宮など諸社の祭礼にも奉納されるようになった。

『吾妻鏡《あずまかがみ》』によれば、鎌倉時代に源頼朝が文治五（一一八九）年に相撲節会を小規模にした上覧相撲を鶴岡八幡宮で催すようになり、その後もしばしば同宮で催行されていた。相撲好きの頼朝が京都から相撲人《すまいびと》を呼び寄せたことが知られている。三代将軍の源実朝も相撲を好んで奨励しており、建永元（一二〇六）年には、家臣の結城朝光に上覧相撲の催行のため、相撲奉行を命じている。

その後、いったんは衰退するが、戦国時代になると社寺の建立や修築、橋の架け替えなどの資金を集めるため、相撲を催して見物人に寄進を勧める勧進相撲が行われるようになり、江戸時代までに京都や大阪を中心に発達した。それ以後、徐々に目的そのものが勧進の意味から離れ、営利的な興行を行う職業相撲へと発展することとなった。

❋ 土俵という特別な空間

こうした相撲節からの流れとは異なり、農作物の収穫を祈り占う農耕の祭祀《さいし》礼から発展した神事相撲もある。古い形態を残すものとして知られるものに、旧暦五月五日の御《お》田植祭《たうえさい》、九月九日の抜穂祭《ぬきほさい》に行われる大山祇《おおやまづみ》神社（愛媛県大三島町）の「一人角力《ひとりずもう》」や、九月九日に行われる賀茂別雷《かもわけいかづち》神社（京都市）の「烏相撲《からすずもう》」、羽咋《はくい》神社（石川県）で九月二十五日に行われる「唐戸山相撲」などがある。また、現在でも地域神社の中には境内に土俵のある神社も多く、氷川神社（東京都渋谷区）は、「江戸郊外三大相撲」の一つとされた

「金王《こんのう》相撲」が行われた地である。同社には現在も境内の片隅に土俵があり、毎年夏にはこども相撲が行われている。

相撲と神道との関わりを考える上で興味深いものの一つに、大相撲の本場所前に両国国技館で行われている「土俵祭り」がある。この祭りは『古今相撲大全』(一八八四年)に記された宝暦十三(一七六三)年の「すまふの儀式」「地取」が文献上の初見であり、江戸中期以降から少なくとも将軍の上覧相撲の際に行われていた儀式とされる。現在は立行司である木村庄之助もしくは式守伊之助が祭り主となり、土俵の四方を清め、土俵に立てた依代《よりしろ》に神々の御霊《みたま》を招いて、神々への供え物を奉るとともに、祝詞を奏上して場所中の安全を祈願する。儀式では相撲の神とされる戸隠大神、鹿島大神、野見宿禰を依代の御幣《ごへい》に招き祀り、「土俵の内外で何事もなく本場所が終わるよう皆をお守りください」と祈願し、「方屋開口《かたやかいこう》」と呼ばれる口上を奏上

明治33年に富岡八幡宮(東京・江東区)の境内に建立された横綱力士碑。高さ3.5メートル、幅3メートルの石碑には、第72代横綱・稀勢の里までの四股名が刻まれている。

する。

加えて、土俵の中央に掘られた穴に米や塩、昆布、スルメ、榧《かや》の実、かち栗を白い素焼きの小皿に入れて土器をかぶせた「鎮め物」を、奉書紙で巻いて入れ、神酒をかけて土をかぶせて叩《たた》き固める。祭りの最後には、呼び出しが「ふれ太鼓」と呼ばれる清めの太鼓を叩き、土俵の周りを三周し、町へ繰り出して翌日からの本場所の初日の宣伝を行う。

「方屋開口」の口上の一部分は、『日本書紀』の神代巻の冒頭、「天地開闢《てんちかいびゃく》」の段にある一文をモチーフにしたものと考えられている。口上の当該部分は次の通りである。

天地《あめつち》開け始まりてより、陰陽に分かれ、清く明らかなるもの、陽にして上にあり、これを勝ちと名付く。重く濁れるもの、陰にして下にあり、これを負けと名付く。勝負《かちまけ》の道理は、天地《てんち》自然の理《ことわり》にして、これなすもの人なり。清く潔きところに清浄の土を盛り、俵をもって形をなすは五穀成就の祭りごとなり。ひとつの兆しありて形となり、形なりて前後左右を東西南北、これを方《ほう》という。その中にて勝負を決する家なれば、今初めて方屋と言い名付くなり。

この口上を、行司が独特の節回しで奏上する。なお、千秋楽が終わると「神送りの儀」が行われ、審判委員の年寄を胴上げする習わしもある。

「神様を呼ばなければ土俵は土俵にならない」という第三十三代木村庄之助の言もあるように（『力士の世界』角川ソフィア文庫）、大相撲は興行相撲でありながらも、土俵という神々の坐《いま》す特別な空間で相撲を行う点や、所作の上で水や塩を使い清浄を大事にする点で、今なお、神事としての性格を持つ競技と言えよう。

相撲が、そもそもの起源とされる野見宿禰と當麻蹴速の「角力」での対戦に由来する格闘そのものから脱皮し、社会の中でより特定された共通の意味を獲得していく過程で、重要な役割を果したのが、先に述べた各地の神社で伝承されてきた神事相撲や、宮中の年中行事であった相撲節会である。現代の興行的な性格を持つ大相撲のルーツは、いわゆる勧進相撲にあるが、そもそも勧進相撲も相撲節会や社寺の祭礼との関係性の中で催されるようになったものである。

ここでは手数入《てずい》りを枕に相撲の歴史と神道との関わりを繙《ひもと》いてみた。興行的・競技的性格を伴いながらも農作物の豊穣祈願や豊凶を占うという神事的な意味付けのもとに、「相撲」の文化的・社会的な意義が形づくられていったところに、「相撲」の本質的な意味、特性があると言えよう。

第十二章

民間信仰で奉斎される石碑や石塔

❖神々の共生の姿

❋ 力自慢の祭り

地域神社の調査で街歩きをしていると、今でもふと、路傍の石碑や石祠《せきし》、石像などに目を奪われることがある。私が幼い頃、お盆に家族でお墓参りをした帰り、村境にあった石碑の存在が気になったことがあった。その石碑が何であるかを父に尋ねると、それは「サイの神さん（サイノカミ）だよ」と教えてくれた。さらに父は、石碑の近くに据え置かれていた力石《ちからいし》の意味合いに触れ、かつてこの石を用いてムラの力持ちを決めるために、村の若者らが集まって力試しを行い、その様子を見物する人々で賑《にぎ》わっていたという民俗行事の様子をも付け加えて話してくれたのを思い出す。

父が教えてくれたこの力試し行事は、昭和三十〜四十年代の高度経済成長期の訪れとともに、私の生まれ育った地域では民間習俗としては行われなくなってしまったが、岡山県美作《みまさか》市に鎮座する真言宗寶鑰山《ほうやくさん》顕密寺にて行われる「五大力餅会陽《ごだいりきもちえよう》」はいまだ健在だ。この力餅会陽は、上下段二つの巨大餅と木製の三方を併せた総重量百八十五キロの餅を運ぶ奇祭として知られる。起源は承久三（一二二一）年に後鳥羽上皇が隠岐島に配流される途上、国家の安泰と開運招福を祈願する折に献上された大きな重ね餅にあるとされる。以来、会陽が行われる際に顕密寺に参拝し、力餅に触れることで厄除けになり、福智をも授かるとの言い伝えがある。力自慢のみならず、全国各地から多くの人々が見物に訪れ賑わう祭事だ。

市ノ坪神社（神奈川・川崎市）には今も、力比べに使われた力石が置かれている。

　また、広島県福山市の沼名前《ぬなくま》神社と住吉神社には、境内にそれぞれ十九個、三個の力石が奉納されている。この力石は、百キロ～二百キロの重さがあり、重量や製作年代、奉納者の名前が書かれている。江戸時代に海上安全の祈願を込めた祭礼の折に、鞆《とも》の浦《うら》港で荷役仕事に従事する仲仕が力比べをするために用いたものだ。そのため、現在は「鞆ノ津の力石」として一括して福山市の指定文化財となっている。関東地方でも神社などに力石が多数残存しており、全国各地の力石の所在を調査したことでも知られる高島愼助氏による『神奈川の力石』という研究書もあるほどである。

分岐点や境界を守り、厄災の侵入を防ぐ神々

やや話が逸《そ》れたが、先に述べた「サイノカミ」とは、「塞の神」のことで、一般的には道祖神としても知られている。村境を守る神であり、日本の神としては八衢神《やちまたのかみ》（衢神《ちまたのかみ》＝八衢比古神《やちまたひこのかみ》、八衢比売神《やちまたひめのかみ》）と考えられている。八衢神は、御崎《みさき》神社や塞神社、道祖神社、八王子神社に多く祀《まつ》られ、主祭神としては全国に二百九十一社が祀られている（神社本庁編『全国神社祭祀祭礼総合調査』）。八衢神は、江戸時代の国学者である賀茂真淵によれば、『古事記』にて伊耶那岐神《いざなぎのかみ》が、黄泉国《よみのくに》から帰還して禊《みそぎ》をする際、身に着けたものを脱いだ時に成り出でた十二神のうち、投げ捨てた帯に成った神とされる道之長乳歯神《みちのながちはのかみ》がこの二柱の神にあたるという（賀茂真淵『祝詞考』）。

京都市下京区の道祖神社。猿田彦大神（さるたひこのおおかみ）と天鈿女命（あめのうずめのみこと）の夫婦二神が祀られ、縁結びや夫婦和合の神として信仰されている。

真淵の弟子にあたる本居宣長の『古事記伝』では、同様に伊耶那岐神が禊をした際に成り出でた十二神の中の道俣神《みちまたのかみ》が八衢神と同神であるとしている。また、『日本書紀』神代下及び『古語拾遺《こごしゅうい》』では、八衢神を敵の攻撃や侵入を防ぐ防塞の神であるとし、猿田彦神《さるたひこのかみ》と同神であると考えられている。

なお、『日本書紀』の神代上にある別伝承では、道の分岐点の守り神、道路の巷《ちまた》に立ち塞がって種々の災禍を防ぐ神である久那戸神《くなどのかみ》（ふなとのかみ＝岐神、来勿戸、経勿処神とも書く）と同神であるとも考えられており、『古事記』にある衝《つき》立船戸神《たつふなとのかみ》が同神と考えられている。岐神の「岐」は分かれ道の意で「ちまた」の訓がある。

さらに、平安時代に編纂《へんさん》された『延喜式』の道饗祭《みちあえのまつり》の祝詞でも、鬼や疫神など悪しきものが都に入ることを防ぐ神として八衢比古神の名が見える。かつて平安京で行われた災禍疾病をもたらす疫神を祓《はら》う国家祭祀の一つ「道饗祭」は、伊耶那岐神が黄泉国から逃げ出す際に泉津醜女《よもつしこめ》に追われた折、御縵《みかずら》などを投げ捨て、最後に杖《つえ》を投げ捨てた時に岐神が生まれたという伝承に由来するものである。こうした由緒から考えると、八衢神は分岐点や境界を守り、災厄の侵入を防ぐ神であることは明らかであろう。京都ではこれにあやかって八衢神を四つ角、交差点や分岐点などの交通を守る神として考え、「ヤチマタキャンペーン」なる交通安全運動を京都府神社庁が中心となって実施している。

一例だが、川崎市中原区下小田中にある「齋の神」は、旧江川を挟んで高津区と中原区の境界にあたる道路沿いに建立されており、令和三年に川崎市の地域文化財（有形民俗文化財）に指定された。かつては新年に齋の神（どんど焼き）行事を行い、無病息災を祈ってきたことを後世に伝える石碑だ。川崎市や横浜市では道祖神や塞の神も多いが、「地神」「地神塔」などと記された石塔が神社境内や路傍に広く残存している。この「地神」は、「ジシンサマ」と呼ばれており、鍬鋤《くわすき》を持つ神で土地の神や農耕を掌《つかさど》る神と考えられている。それゆえ、かつては春分・秋分に最も近い戌《いぬ》の日（社日＝土の神を祀る日）に春は豊作祈願、秋は収穫感謝のため、「オヒョウゴ」と呼ばれる地神の掛け軸をかけ、粟《あわ》の餅や塩餡《しおあん》を作ってお膳にのせ、供え祀る地神講《じしんこう》の祭事が行われていた。

こうした信仰を地神信仰と呼び、地神講や社日講が建立したのが地神塔である。全ての地神講が地神塔を建立したわけではない。地神信仰は道教や陰陽道《おんみょうどう》、仏教、修験道などの影響も受けたものであると考えられ、正富博行氏の研究によれば神奈川県内の地神塔は、江戸時代の修験者や僧侶の活動によるものとされている。

❋三神塔や五神塔、女神の地神像も

加えて、神奈川県や東京都多摩地域、千葉県、埼玉県に見られるような「地神」や「堅牢《けんろう》地神」などと書かれた石塔の他に、五角形の石柱に「埴安媛命《はにやすめのみこと》、倉稲魂命《うかのみたまのみこと》、大己《おおあな》貴命《むちのみこと》、天照大神《あまてらすおおかみ》、少彦名命《すくなひこなのみこと》」の五柱の神名を刻んだ五神名地神塔も徳島県や兵庫県の淡路島、香川県東部、岡山県南部に多く見られる。徳島県内の地神塔は金沢治氏の説（『日本の民俗36』）によれば、富田八幡宮の祠官である早雲古宝の進言により、江戸時代に藩主導で地神信仰が拡大したこともあって、その祭儀や石塔は、おおよそ天明元（一七八一）年に京都の市井の学者である大江匡弼《ただすけ》が書いた『春秋社日醮儀《しゅんじゅうしゃじつしょうぎ》』に基づくものであると考えられている。岡山県内では、自然石に「地神」と彫っただけの地神碑も多い。

顧みると私の実家は盆地地帯であったため、「水神」碑はあまり見なかったものの、幼い頃は田んぼの畔《あぜ》と道路との間にひっそりと建つ地神や道祖神、塞の神などの石碑を通

齋の神（川崎市中原区）。昭和 46 年まで祭事が行われ、現在は川崎市の有形民俗文化財に指定されている。

学時などに眺めていたように思う。

また徳島県内には五神塔のほかに「大山祇命《おおやまづみのみこと》、句句廼馳命《くくのちのみこと》、罔象女命《みつはのめのみこと》」の三神を記した三神塔と呼ばれる石塔も点在する。同じ地神塔でも地神と彫った塔以外に、具体的な神名を石に彫り込んだ五神塔もあり、変わったものでは女神の地神像も見られる。

ここでは「サイノカミ」に始まり、土地の神や農耕の神である「地神」のことについても述べてみた。柳田國男氏が民俗研究者らと道祖神などについて意見を交わした『石神問答』から百十年余。古代中国には、「社」と呼ばれる土地の神と「稷《しょく》」と呼ばれる穀物の神を祀る祭壇の双方の総称である「社稷《しゃしょく》」がある。この「社稷」は先祖を祀る「宗廟《そうびょう》」とともに、古代中国では国家祭祀の一つとして重要視されていた。

一方で、前出の本居宣長は、その著『玉勝間《たまかつま》』において、「神社を、後世の人の、それは宗廟ぞ、それは社稷ぞなど、かしこげにいふは、から國ごとのわたくしごと也《なり》」として、『日本書紀』の文中にある「社稷」も潤色の漢文であって神社のことを指すものではないと解釈している。我が国では土地の神、農耕の神は国魂神《くにたまのかみ》や大土御祖神《おおつちみおやのかみ》、稲荷神、天神などのように神社に祀られる神のほか、地神塔という形で講を中心とした民間信仰としても祀られ、地蔵や馬頭観音などと同様に田園地帯の一角や都市近郊の道路などの片隅に今もひっそりと残されている。こうした光景からも我が国における神々の共生の姿の一つをうかがい知ることができよう。

第十三章

貴重な資材をよりよく生かす

❖式年遷宮に見る持続可能な開発

「鎮守の森にならった保続的森林」のあり方

先日、東急線の電車に乗った際に、車両内の全ての広告が、ＳＤＧｓ（持続可能な開発目標）についての啓発ポスターであるのに気づいた。すっかり社会の中で馴染《なじ》んできた用語となったＳＤＧｓに関する啓発が、平成二十八（二〇一六）年に開始されてからはや七年。街を歩けば、カラフルな輪が特徴的なＳＤＧｓのバッジを、スーツやジャケットの襟に身に着けるビジネスマンの姿を多く見かける。

小学校など学校教育の現場でも、授業で児童がＳＤＧｓについて学び、自らの持続可能な取り組みを発表するような機会もあると聞く。我が国のみならず、令和十二（二〇

伊勢神宮の第六十二回神宮式年遷宮に際し、平成十九（二〇〇七）年に行われた御木曳（おきひき）行事。市民が参加できる数少ない行事で、伊勢の町は期間中、勇壮な掛け声と木遣（きやり）音頭に包まれる。

三〇）年までに先進国、開発途上国を問わず、国際社会が一丸となって十七の目標、百六十九のターゲットを達成すべく、種々の取り組みがなされている状況にある。

翻って考えてみると、我が国でも持続可能な社会への転換を目指して、これまでもさまざまな取り組みがなされてきた。しかしながら、地球温暖化に起因する大規模な自然災害の発生や、世界各国での貧富の差の拡大、新型コロナウイルス感染症の流行に見られる国境を超えた感染防止対策など、官民問わず多くの課題が山積する状況だ。

ＳＤＧｓに関連する話題の一つとして私が思い出すのは、「持続可能な開発」という言葉を初めて聞いたシンポジウムである。それは、平成六（一九九四）年九月二十四日から二十六日まで、三重県伊勢市の皇學館大学を会場に開催された「千年の森シンポジウム」である。

このシンポジウムは、「千年の森に集う会」（会長・佐藤大七郎東京大学名誉教授）の主催によるもので、開催の契機となったのは、平成五（一九九三）年十月に斎行された第六十一回の神宮式年遷宮《じんぐうしきねんせんぐう》と、前年六月にブラジルのリオデジャネイロで採択された国連環境開発会議（地球サミット）でのリオ宣言だ。リオ宣言は平成九（一九九七）年の京都議定書、平成二十七（二〇一五）年のパリ協定という地球温暖化対策、温室効果ガス排出問題の取り組みに関する国際協定への流れを生み出す契機となった国際宣言である。

同会はシンポジウムで、地球温暖化克服の方途の一つとして「鎮守の森にならった保続的森林」のシステムづくりを「伊勢宣言」として提唱した。その後、同会の事業の一部を引き継いだ「千年の森づくり委員会」が、平成十二（二〇〇〇）年十二月に「千年の森基本構想案」を東京都港湾局に提出。東京湾岸中央防波堤内側埋立地を、自然生態系を恢復《かいふく》する循環型の海上公園緑地として整備すべき、とする意見提案を行ったことでも知られている。

❋ 余材や古材などを各神社の社殿として利用

リオ宣言が出される以前、我が国では伊勢神宮の第六十一回の神宮式年遷宮の斎行を巡って、米国のある研究者が二十年に一度の遷宮は森林資源の無駄遣いで、自然環境の略奪ではないのかと非難する論文が出され、話題となった。実際にはその論文は全くもって事実誤認の的外れなものであったが、この論文を契機として、持続可能な開発ともいうべき、神宮式年遷宮の社殿交替システムの意義や森林環境問題に対する神道の思想・理念を改めて問い直し、世の中に訴えかけることへと、つながったのである。

神宮式年遷宮においては、確かに檜《ひのき》など多くの材木を使うことは言うまでもない。ただ、その余材や旧社殿の古材は遷宮の後、全国の神社へ無償で譲与され、各神社の社殿などの資材として利用される。私の在籍する國學院大學にも学内に神殿が鎮座しているが、その神殿の前にある幣殿《へいでん》・拝殿は、第六十一回の神宮式年遷宮の斎行後、正殿の撤却材（豊受大神宮と板垣壁板の一部）を譲与されて創建したものだ。平成二十五（二〇一三）年の第六十二回神宮式年遷宮斎行の後も、東日本大震災で被災した神社を中心に古殿舎の撤却材が各神社の社《やしろ》へと譲与された。

こうした古殿舎の撤却材の中で象徴的なものが、内宮《ないくう》・外宮《げくう》と称される皇大神宮・豊受大神宮の正殿の一番大きな棟持柱《むねもちばしら》である。この柱は五十鈴川に架かる宇治橋の内外の鳥居の柱へと移築される。そして、それまで建っていた宇治橋の鳥居は、外側が桑名の七里の渡しにある鳥居、内側がかつての鈴鹿関（関宿）にあたる関の追分の東側の鳥居

（亀山市木崎）へと移築される。その関の追分の鳥居もまた、次の移築先へと譲与されていくのである。なお、この鳥居のある地は伊勢神宮へと向かう伊勢別街道と東海道との分岐点にあたる。

一例ではあるが、兵庫県の生田神社では、平成七（一九九五）年、平成二十七年の二度にわたり、関の追分の鳥居が譲与されたが、特に同社が平成七年の阪神・淡路大震災で拝殿等の境内建物の多くが倒壊、損壊したこともあって、倒壊した第二鳥居の再建に、この鳥居が用いられた。神宮ゆかりの鳥居の移築は、神社の復興活動の起爆剤となったのである。平成七年に譲与された鳥居はもともと、昭和四（一九二九）年の第五十八回の神宮式年遷宮の際に内宮の棟持柱であったもので、平成二十七年に老朽化から倒壊の危険性が指摘されるようになって解体されるまでの八十六年間余にわたり、社殿の柱ならびに鳥居として用いられた。つまり、伊勢神宮の皇大神宮の棟持柱として切り出された材木は二十年でその役目を終えるのではなく、その後も有効に活用されているのである。

神話の中にあるSDGsへの足がかり

神宮の式年遷宮では、殿舎などの建て替えに用いられる檜や杉などの木材は、神宮内宮・外宮神域の山林から主に切り出されていた。その後、大径木の枯渇により、美濃から信濃へと神宮備林が定められ、現在は木曾・裏木曾（長野県／岐阜県）の国有林から切り出されている。しかし、第六十二回の神宮式年遷宮からは、大正十二（一九二三）年の森林経営計画に基づいて植樹した内宮周辺にある第二宮域林（神路山・島路山）の檜が柱材に用いる大径木に成長したことから、宮域林からも御用材全体の二十五％にあたる材木が切り出されて利用された。伊勢神宮でも二百年計画で持続可能な開発を目指して神宮式年遷宮の御用材確保の取り組みが進められているのだ。

平成 27 年に建て替えられる前の生田神社の「第二鳥居」はもともと、昭和 4 年の第 58 回神宮式年遷宮の際に伊勢神宮内宮の正殿の棟持柱として建てられたものだ。

　また、樹木と日本の神との関係についていえば、木の国とも称される和歌山県の伊《い》太祁曾《たきそ》神社に祀《まつ》られる五十猛命《いたけるのみこと》（高天原《たかまのはら》から樹木の種を持ち込み、九州から樹木を植え始めて緑豊かな国土を形成した神とされる）が木の神として知られている。

　その五十猛命も登場する『日本書紀』巻

桑名市の七里の渡しに建つ鳥居。伊勢神宮の宇治橋の外側に建つ鳥居が 20 年ごとに移築される。

第一、神代上の第八段の「一書《あるふみ》に曰く（第五）」にある素戔嗚尊《すさのおのみこと》の説話には、

乃《すなわ》ち鬚髯《ひげ》を抜きて散《あか》つ。即ち杉《すぎのき》に成る。又、胸の毛を抜き散つ。是《これ》、檜に成る。尻《かくれ》の毛は、是被《まき》に成る。眉の毛は是櫲樟《くす》に成る。已《すで》にして其《そ》の用ゐるべきものを定む。乃ち稱《ことあげ》して曰《のたま》はく、杉及び櫲樟、此《こ》の両《ふたつ》の樹は、以《も》て浮寶《うくたから》とすべし。檜は以て瑞宮《みつのみや》を為《つく》る材《き》にすべし……（以下略）

とあり、素戔嗚尊が髭《ひげ》を抜き放ったところに杉が生え、同じく胸毛からは檜、尻毛からは槙、眉毛からは楠《くすのき》が生えたというもので、さらに素戔嗚尊は、杉と楠で船を造り、檜は宮社を造る資材にせよと述べている。『古事記』や『日本書紀』には、山の神の使いとして猪や蛇が登場するが、時代が下り中世の説話には、山は猿、川は蛇という考え方が登場する（『今昔物語』『宇治拾遺物語』など）。川を遡れば山に行きつく。山には川の源流が

あり、山の神使である蛇が、その後、川の象徴へと転じても何らおかしくはない。我が国では古くから川を蛇や龍に擬する文化があるのだ。

歴史的にも天井川にてたびたび氾濫を繰り返した斐伊川《ひいがわ》のことと解釈されることもある八岐大蛇《やまたのおろち》の退治伝承の直後に、大蛇を退治した素戔嗚尊が抜いた髭や毛から樹木が次々と生成する話は、まさに我が国における森づくり、林業の原点というべきものではなかろうか。

詳しくは林業にかかる祭礼などもうかがうべきだが、こうした話が日本神話の中に伝えられているところに、我が国の森林や林業にかかるＳＤＧｓのヒントの一つがあるのではないかと私は考えている。

第十四章

未来を共に

❖なくてはならない自然の恵み

山川草木に神名を与え崇拝

前章、ＳＤＧｓ（持続可能な開発目標）の取り組みについて樹木と日本の神との関係や、伊勢神宮の式年遷宮《しきねんせんぐう》と造替後の古材のリユースに関わる事例を取り上げた。世界的な課題となっているＳＤＧｓの推進と神道の共生の理念というものを考える上で、ここでは神道の自然観について少し触れたい。

江戸時代中期の垂加神道家の一人に若林強斎という人物がいる。強斎は日本史の教科書にも登場する垂加神道の大成者である山崎闇斎の弟子浅見絅斎に学び、「浅見三傑」の一人と呼ばれた人物だ。強斎が記した『神道大意』は、神道の神観より説き起こし、日本の道統、神道の本質について論じた書である。この中には、神道の自然観を語る上で興味深い点があるため、同書の一節を紹介しておこう。

おそれある御事なれども、神道のあらましを申奉らば、水をひとつ汲といふとも、水には水の神靈がましますゆへ、あれあそこに水の神罔象女《みづはのめ》様が御座被成て、あだおろそかにならぬ事とおもひ、火をひとつ燈《とも》すといふとも、あれあそこに火の神軻遇突智《かぐつち》様が御座なさるゝゆへ、大事のこととおもひ、わづかに木一本用ゆるも、句々廼馳《くくのち》様の御座なさるゝもの、草一本でも草野姫《かやのひめ》様が御座被成ものをと、何に付角に付、觸るゝ處《ところ》、まじわる處、あれあそこに在《まし》ますと、戴きたてまつり、崇《あが》めたてまつり、やれ大事とをそれつゝしむが神道にて、かういふなりが則常住の功夫《くふう》ともなりたるものなり

強斎は、生活にとって必要不可欠な水の恵み、さらに火や木、草など自然界のさまざまな恵みに対し、大切なものとして感謝の念を持って崇め奉ること、それが神道であると説明している。また、「常住の功夫」と説くように、自然の事物を神々と崇め祀《まつ》り、自然のもたらす恵み、有り難さゆえに山川草木を濫《みだ》りに取り扱うのではなく、恐れと謹みの念を持って自然と上手に付き合うべきであると説いている。

古来、日本人は水一つとっても、一般的な水を表す神というもので済ませるのではな

く、形を自在に変えられる水の特殊性から生じるさまざまな現象を「水の神」として崇めてきた。水神といってもミツハノメノカミ（罔象女神）のように、水そのものを示す神だけではなく、水の分配を掌《つかさど》る水分神《みくまりのかみ》、水溝の神などがある。ミツハノメノカミは『古事記』で弥都波能売神と表記され、イザナミノミコトが火の神であるカグツチノミコトを生み、病臥《びょうが》して尿を出した際に成りいでた神で、『日本書紀』ではミツハノメに「罔象」という漢語を用いている。「罔象」は、中国の古典『淮南子《えなんじ》』の第十三「氾論訓」に「水、生罔象。（水に罔象を生ず）」とあり、その注には「水精也」とあって水の精霊を意味している。

　また、「ミツハノメ」の語源は、国語学者の西宮一民氏の神名解釈によれば、「水の早」であり、「出始めの水の女」と解されている（西宮一民校注　新潮日本古典集成『古事記』）。さらに、水分神（吉野水分神社などに祀られる）は、天から雨が降った際、その雨水は山の分《ぶん》水嶺《すいれい》で水を分配することから、貴船神社や大山阿夫利神社（神奈川県）などに祀られる高《たか》龗神《おかみのかみ》とともに祈雨の神としても信仰されている。こうした事実から見ても、日本人は水の神一つとっても罔象女神だけではなく、水の持つあらゆる場面、側面をそれぞれ神聖なものと考えて、神名を与えて信仰、崇拝してきたと言えよう。

　海の神にしても同様である。日本神話では綿津《わたつ》見神《みのかみ》のみならず、綿津見の三神と共に成りいでたとされるのが大阪府の住吉大社に祀られることでも知られる底筒男命《そこつつのおのみこと》・中筒男命《なかつつのおのみこと》・表筒男命《うわつつのおのみこと》だ。また、天照大神《あまてらすおおかみ》と素戔嗚尊《すさのおのみこと》との誓約《うけい》で成りいで、福岡県の宗《むな》像大社《かたたいしゃ》に祀られることでも知られる田心姫神（タゴリヒメ＝沖津宮）、湍津姫神（タギツヒメ＝中津宮）、市杵島姫神（イチキシマヒメ＝辺津宮）という宗像三神などもある。さらに見れば、日本人は水が流れ、動いていることに大きな霊性、神秘性を感じてきた。それゆえ、水が集まり大きな流れとなって動く川を蛇や龍などの姿と捉え、これを信仰してきたのである。

大山阿夫利神社が建つ大山は別名「あめふり山」と呼ばれ、雨乞い信仰の中心地として広く親しまれてきた。

あらゆるいのちに生かされて

例えば、岡山県津山市二宮には、『今昔物語集』（本朝世俗篇　巻第二十六の第七）に「中山は猿、高野は蛇」として登場する高野神社がある。同社は古代より暴れ川であった吉井川が大きく蛇行して市街地に入る箇所を守るように鎮座しており、境内には『万葉集』の歌枕の比定地の一つとしても知られる「宇那提《うなで》の森」の古木が今も現存している。「うなで」とは水田に水を引き入れる「溝」の古語であり、水にゆかりのある語でもある。同社の境内は、戦国時代に備前の宇喜多氏によって樹木が城砦《じょうさい》の資材として伐採されるまで、鬱蒼《うっそう》とした椋《むく》の森であったと伝えられている。

先に掲げた『神道大意』において強斎は、自然の事物に感謝し、恐れ謹むことが神道であると述べた。しかしながら、日本人があらゆる山川草木を全てそのまま大切にし、神々として崇め、これを拝してきたわけではないだろう。近所に生えている木々の近くを歩くたびに、いちいちこれを崇め拝む人は現代社会には、ほぼいないであろうし、山々が全て奈良県桜井市の三輪山のような御神体山として祀られる神だとするならば、山で林業に従事する人々は、窮屈で仕方ないだろう。つまり、自然を大事にすることと、それを神様として祀ることとはイコールではないのだ。

神道では、人々は何をやっても自然の恵みのおかげで暮らしているからこそ、自然の中の一部の象徴的な事物に神々の存在を感じ、神の宿る依代《よりしろ》として崇め祀ることで、自然の有り難さ、大切さを祭りのたびに確認してきた。また、人と自然とが一体であるという点では、山に生える木々が生活に必要であれば、林業に従事する人々は木々を伐採するが、全てを切り尽くすわけではない。同様に山の恵みであるキノコがたくさん生え

髙野神社の参道入り口のムクノキ。この地はかつて巨木が立ち並ぶ「宇那提の森」と称され、万葉集などの歌に詠まれた。

ていても、全てを採り尽くすのではなく、何本かを必ず残しておくことに意味がある。こうしたこと一つとってみても、日本人の自然との共生、付き合い方の知恵の一つがあると言えよう。

また、山の木々を全て伐採してしまえば、水を蓄える山林の機能が失われてしまい、風雨の際には大水が流れ出て山が荒れるばかりか、川から大量に流出した土砂で田畑が埋もれてしまい、作物も育てられなくなってしまう。漁業家の畠山重篤氏が説く「森は海の恋人」という言葉もあるように、まさに山から川、田畑、海に至るまで自然は一体のものであるのだ。

平成十五（二〇〇三）年に七十二年ぶりに行われた茨城県の金砂大祭礼《かなさたいさいれい》（東金砂神社・西金砂神社）は、常陸太田市にある金砂山から日立市の水木浜までの往復およそ七十五キロを、一週間かけて神輿《みこし》を担ぎ出す祭礼で、仁寿元（八五一）年から現在まで続けられている。山から海までを神が練り歩き、一体の祭場とする祭礼が現代まで継承されていることは、自然と日本の神との関係性を考える上で興味深い事例である。

人が生きていくためには、どうしても水をはじめとする自然界の事物に対して何らかの手を加えて生活を営まざるを得ない。その一方、我が国では、自然は自分たちのいのちと一体のものだという感情を持ち、大事にしてきた。自然の事物を神として祀ることは、神道にとって特別なことではない。自然崇拝や祖先崇拝などが相まって神社神道の信仰を築き上げてきたこともあり、自然崇拝だけをもって神社や日本の神の本質を語ることはできない。

天竜川水系の水窪川。天竜川の龍神伝説のように、日本では古来、水の流れを水神が姿を変えた竜や大蛇として崇めるなど、自然に神を見いだし、畏敬の念を抱いてきた。

しかしながら、日本固有の基層文化である神道の神話や儀礼、信仰を基に神道の自然観を考え、そこから未来を生きる人々が持続可能な社会を求めて自然と共生していくヒント、生活の知恵を見いだすことができるのではないかと思う。

第十五章

動植物の彫刻で精神世界を伝える

❖時代とともに発展を遂げた社寺建築

梁や柱に見る建築の特徴

第八章にて吉備津神社（岡山県）と中山法華経寺（千葉県）を例に、神社と寺院に見られる建築様式の相似性を取り上げ、建築の中に見える神仏の共生について述べた。神社の社殿については、その様式のみならず細部の彫刻や意匠に関して興味深い点も多い。そこで本章で社殿の梁《はり》や柱などに刻まれた彫刻など、神社建築の特徴について述べたい。

仏教の建築様式が伝来する前の神社建築の様式とされる神明造《しんめいづくり》、大社造、住吉造といった社殿は、切妻屋根の妻を飾る彫刻がなく、屋根の垂木や隅木、梁の重みを支える組み物である肘木《ひじき》や三ツ斗組などの斗栱《ときょう》（柱の上に置かれ、軒の垂木や隅木を十分に張り出させて強度を保持しつつ、屋根の反りや長さを確保して屋根をよりきれいに見せるために置かれるもの）にも装飾性がほとんどないため、極めてシンプルである。また、仏教の影響を強く受けた権現造が登場する以前の、室町時代後期から戦国時代までの神社建築の細部意匠についても、おおよそ横柱と横柱をつなぐ主要な構造材の頭貫《かしらぬき》の先端（柱頭《ちゅうとう》にあたる木鼻《きばな》）や、虹梁《こうりょう》に入れられる蟇股《かえるまた》などに部分的な彫刻が見られるものの派手さはない。斗栱など屋根を支える組み物も含め、安土・桃山時代以前に建てられた社殿の多くは簡素で素朴なものが多い。

これに対して寺院建築は、東大寺の大仏殿や南大門などに象徴されるように、多くの建物が反りのある大屋根を支える構造になっており、軒先にかかる屋根の重みを支える組み物の数が神社建築に比べて格段に多い。奈良時代までは軒先の垂木などの重みを支えるため、肘木の上に斗《ます》を乗せた出組みと呼ばれる組み物については、斗栱の形式の一つである「三手先《みてさき》」（長くのびた屋根を支えるため、小斗と肘木を三度重ね合わせて斗が前へと張り出したもの）が主であった。

密教が伝来した平安時代になると、密教寺院では屋根に反りのある大塔や丸い屋根の多宝塔などが多く造られるようになり、三手先では多宝塔の上層の大屋根の重みを支える強度を維持できないため、四手先《よてさき》から七手先程度の斗栱へと発展する。対照的に大方の神社建築では出三斗《いでみつど》や三手先までの社殿は見られるが、五手先以上となる斗栱を持つ社殿はほとんど見られない。

特に中国地方では、戦国時代に山名氏や尼子氏、毛利氏、宇喜多氏などの武将が覇権を争って戦いを繰り広げた地域だったこともあって、戦乱のたびに社寺の建物に農民や僧兵などが立てこもって抵抗し、敵方の武士らが社殿に火を放って建物が焼失することも少なくなかった。戦いが終わった後に領主となった戦国大名が社寺の社殿を再建奉納するケースもあり、中には、岡山県の中山神社のように本殿の焼失以前とは全く建築様式の異なる中山造と呼ばれる正面三間・側面三間の正方形で入母屋造妻入、向唐破風造の向拝を付した檜皮葺屋根の豪壮な社殿が再建された事例もある。室町時代末期の永禄二（一五五九）年にこの地を平定した尼子晴久が自ら再建したと伝えられている。国指定の重要文化財となっている中山造の本殿は、単一の本殿としては全国屈指の規模である。江戸時代以降に建てられた美作地方の神社本殿にも中山造で建てられたものが多い。

一方、社寺の建築彫刻については、安土・桃山時代以降に大発達を遂げたとされる（近藤豊著『古建築の細部意匠』大河出版）。近世になると江戸幕府が成立したこともあり、安定した社会情勢を背景に華麗で精巧な彫刻がなされ、豊かな装飾性を持った社殿の建立が増加。特に元和・寛永から元禄時代にかけては、傑出した秀作、佳作とも称される彫刻に特徴が見られるようになり、建物全体を覆うように華やかな彫刻や色彩豊かな着色が神社の社殿にも多用されるようになった。彫刻技術自体はその後も発展するが、江戸時代末期にかけて社殿の縁まわりにあたる腰組の部分の柱に龍が巻き付いたようなものや、締まりのない唐草模様など、時代が下るにつれて、手が込み過ぎた彫刻や意匠が増加した。

　神社社殿の細部意匠、装飾や彫刻の中で、美の極みに位置すると考えられているのが日光東照宮（栃木県）である。近年、国宝や重要文化財となっている社殿や装飾、彩色の大規模な修復工事を行ったことでも知られる同宮であるが、おびただしい動植物の彫刻で飾られた建造物の中には、著名な彫刻師・左甚五郎作の眠り猫などがある。神馬《しんめ》をつなぐ神厩《しんきゅう》の長押《なげし》に彫られた「見ざる・言わざる・聞かざる」の三猿なども著名だ。この彫刻は、猿は馬を守護すると信じられていた当時の民俗伝承を基に彫られたものである。神厩には、この三猿を含む形で八面にわたって、人の一生になぞらえた十六匹の猿の彫

陽明門の左右に延びる廻廊（かいろう）の外壁には、日本最大級の花鳥の彫刻が飾られている。

白木・黒漆・金箔（きんぱく）・極彩色・錺（かざり）金具で彩られる豪華絢爛（けんらん）な日光東照宮の国宝「陽明門」。日本で最も美しい門と称され、いつまで見ていても飽きないことから「日暮（ひぐらし）の門」とも呼ばれる。

刻が見られる。

また、水を掌《つかさど》る霊獣である龍などが虹梁や木鼻に彫られるのは、神仏が習合するようになって以降、拝殿内で祈禱《きとう》のために護摩などを焚《た》いて火を使うこともあったため、建物が火災に遭わぬようにという意味も含まれている。

さらに、社殿の入り口にあたる神門や楼門《ろうもん》の木鼻に象や唐獅子が彫られるのは、狛犬《こまいぬ》などと同様に、境内を守護するための意味があるとされる。

❋ 装飾の表現に心を向けて

一方、神使や縁起がよく吉祥の

兆しとされる動植物を社殿に装飾として彫ることもある。埼玉県の秩父神社では、本殿に神社の神使として「北辰《ほくしん》の梟《ふくろう》」が彫られている。時には神門や社殿に神社の御神紋などが刻されることもあり、東照宮なら葵《あおい》の御紋、八幡宮であれば巴紋《ともえもん》や源氏の家紋である笹竜胆《ささりんどう》、春日社では下がり藤（藤の花）といったように、社殿細部の彫刻や装飾が神社の信仰や教学と少なからず関係していることもある。ちなみにこの本殿にも前出の左甚五郎が彫ったと伝わる「つなぎの龍」や「子育ての虎」の彫刻があり、今では同社の縁起物として親しまれている。

こうした社殿の彫刻が持つ象徴的な意味については、その彫刻が用いられた神社や建物の性格によっても異なる。日光東照宮の三猿のように、単独ではなく複数の彫刻を組み合わせて、配列することによって特別の意味を持たせる場合もあり、社殿ならびにその建物の彫刻に神学的な意味があるとされるケースもある（高藤晴俊著『日光東照宮の謎』講談社現代新書など）。

また、神社の社殿の木鼻によく彫られているものとしては、吉祥や威厳を表す虎や龍、兎《うさぎ》、亀などが挙げられる。特に獅子（唐獅子）のように、〝霊獣〟と呼ばれる類いのものは、社寺の彫刻の中では主役的な位置にあるため、その一部を紹介しておこう。

まず、十二支にも数えられる霊獣の龍は、自由に空を飛翔して雲を呼び、雨を降らせる。青龍といえば、東の方角にあって春分には天に上り、秋分には地に潜むとされ、白虎や玄武、朱雀とともに四方を守護する四神の一つである。

次いで貘《ばく》。実在する動物のバクとは異なり、夢を食う霊獣として知られる。唐の詩人・白楽天の『白氏文集』によれば、貘は平和な時代にのみ生息できる動物とされ、「軍縮の象徴」でもある。鳩ならぬ「平和の象徴」ともいうべき霊獣で、まさに共生の時代、ＳＤＧｓ（持続可能な開発目標）にぴったりな霊獣なのだ。なお、「息《いき》」と呼ばれる龍や貘に似た容貌を持つ正体不明の霊獣が彫られていることもあり、素人では見分けがつきにくい場合もある。

このほか、麒麟《きりん》や象などが彫られていることもあるが、木鼻にはこれらが簡略化されて彫られているケースもある。岡山県の吉備津彦神社の拝殿には鳳凰《ほうおう》の木鼻がある。これは鳳凰崩しと呼ばれるもので、鳳凰の頭を簡略化したものだ。また、十九世紀以降の神社建築には、動物

秩父神社の拝殿の木鼻に施された麒麟と獅子の彫刻。

ではなく象の鼻のような長い渦文《うずもん》の繰形様が木鼻に彫られているものも多く見られる。象は普賢菩薩の乗り物とされ、地上最大の動物でもあるため、聖域を守る動物として虹梁や柱貫《はしらぬき》などの木鼻に彫られている。獏と相似して見えることも多く、混同されることも少なくない。

こうした彫刻は寺院にもあり、決して神社特有のものではないが、神社を訪れた際には、参拝後にぜひ、社殿に彫られた動植物の彫刻や細部の建築意匠にも目を向けてほしい。そして、尊い力をもった不可思議な霊獣の姿や神に縁ある植物などに思いを致し、そこに表現される豊かな精神世界にぜひ浸ってもらいたい。

第十六章

平和・幸福を希求

❖人々の祈りと神社とのつながり

❁下駄型の絵馬が場面展開への重要な鍵に

令和元(二〇一九)年七月十九日に劇場公開された新海誠監督の長編アニメーション映画『天気の子』は、公開からわずか七十五日間で観客動員数一千万人を超えた大ヒット映画として知られる。この映画では、作品中に都内の廃ビルの屋上にある小祠《しょうし》と鳥居、下駄《げた》型の絵馬が神社の「絵馬掛け」に多く掛けられているシーンが登場し、ともに次の場面展開への重要な鍵となっている。

この下駄型の絵馬のモデルとなったのは、東京都杉並区にある高円寺氷川神社の末社、気象神社の絵馬だ。もともと同社は、杉並区高円寺北四丁目(旧馬橋四丁目)にあった陸軍気象部の構内に、一九四四年四月十日に鎮座した社《やしろ》で、御祭神は八心思比顕命《やごころおもいかねのみこと》（八意思兼命、思金神《おもいかねのかみ》、思兼神とも記す）である。かつて陸軍気象部では観測員が日々、科学的な根拠に基づく気象観測から天気予報を出す中で、予報の的中を同社に祈願していたと伝えられている。

戦後、気象神社は昭和二十（一九四五）年十二月十五日に出されたＧＨＱ／ＳＣＡＰ（連合国軍最高司令官総司令部）の神道指令によって廃祀となる予定だったが、旧気象部関係者の懇請によって社殿を払い下げ、氷川神社の境内へと遷座した。御祭神の八心思比顕命は、『古事記』本文の冒頭に登場する造化三神《ぞうかさんしん》の一神、高御産巣日神《たかみむすひのかみ》（高皇産霊尊とも）の子とされる。『古事記』では思金神が、須佐之男命《すさのおのみこと》の横暴に耐えかねて天岩屋戸《あまのいわやど》に隠れた天照大御神《あまてらすおおみかみ》を、岩戸から連れ出すために妙案をひねり出し、見事に成功させたことが記されており、その事績から知恵や学問、思慮、開運の神として知られている。

気象神社の絵馬は、下駄を飛ばして天気を占った習俗にちなみ下駄型にしたとのこと。参道にある絵馬掛けには、野球や陸上といった野外スポーツや祝い事などで快晴の日を願う人々の祈りが込められているものも多く見られる。先般、気象神社を訪れた際には、『天気の子』の映画公開から約三年が経過したにもかかわらず、いまだに下駄型の絵馬を掛ける若者やカップルらで賑《にぎ》わっていたことに驚いた次第である。

日本唯一の気象神社。御祭神の八心思比顕命は、晴・曇・雨・雪・雷・風・霜・霧という八つの気象条件をつかさどるとされている。

新海監督の映画では作品中に実在の場所が多く描かれ、その中には神社も登場する。平成二十八（二〇一六）年八月に公開された『君の名は。』では、主人公の一人である宮水三葉《みやみずみつは》の生家である宮水神社は、岐阜県高山市の日枝神社や飛騨市の気多若《けたわか》宮《みや》神社がモデルとなった。加えて、主人公の三葉と立花瀧《たちばなたき》が再会するシーンのモデルとなったのは、東京都新宿区にある須賀神社の男坂である。

『天気の子』では前出の気象神社以外にも、東京都中央区銀座の朝日稲荷神社が、ヒロインの天《あま》野《の》陽菜《ひな》が訪れる廃ビルの屋上にある小祠のモデルとされる。こうした新海監督の作品の舞台となった神社や場所をファンが訪れる参詣行動も見られ、朝日稲荷神社では参拝者が映画公開前と比較して約五倍、気象神社でも約二倍に増加したという（「『天気の子』〝聖地巡礼〟が人気　参拝客が急増」東京ＭＸ

テレビニュース、令和元（二〇一九）年十月十六日）。

新海監督の作品のみならず、近年、実在の地をマンガやアニメ、ドラマ、映画などの作品の舞台やモデルとして用いることも多く、そうした各作品のモデルとなった地を巡ることをファンは「聖地巡礼」と呼称して、巡礼記録をSNSなどに細かく記す事例も見られる。観光学の分野では、アニメやマンガ、映画、キャラクターなどサブカルチャーに関わるコンテンツをきっかけとした旅行行動と、これらを活用した観光振興を「コンテンツツーリズム」と呼んでおり（岡本健著『コンテンツツーリズム研究』福村出版）、聖地巡礼もその一種だ。観光の新たな形態、分野としても期待が寄せられ、学術的な関心も高まっている。

この「コンテンツツーリズム」の一端として、社寺に参詣し、「痛絵馬《いたえま》」と呼ばれる絵馬を奉納する行動が見られる。宗教民俗学者の由谷裕哉氏によれば、痛絵馬とは特定のアニメ（もしくはマンガ・ゲーム）のキャラクターを絵馬の裏面に奉納者が描画し、社寺に奉納したもののことで、通説ではアニメのキャラクターをラッピングした車をイタリア車にかけて「痛車」と呼ぶことを語源とするという（由谷裕哉・佐藤喜久一郎共著『サブカルチャー聖地巡礼―アニメ聖地と戦国史蹟―』岩田書院）。

❋宗教的な聖地でアニメコンテンツを追体験

この痛絵馬奉納の特徴的な事例の一つとして、茨城県の大洗磯前神社《おおあらいいそさき》が挙げられる。同社は、『日本文徳天皇実録《にほんもんとくてんのうじつろく》』に斉衡《さいこう》三（八五六）年に鎮座したことが記され、大己貴命《おおなむちのみこと》、少彦名命《すくなひこなのみこと》を祀《まつ》る古社である。同社では初詣の時期になると、神社の拝殿の横に大絵馬が二つ据え置かれる。

その一つとして、平成二十四（二〇一二）年から二十五（二〇一三）年にかけて放映されたアニメ『ガールズ&パンツァー』（以下「ガルパン」と略す）のキャラクターが描かれた大絵馬が毎年掲げられている。大洗町は戦前から海水浴で著名な町だが、海岸沿いにある神磯の鳥居はもとより、大洗水族館やめんたいパーク、大洗マリンタワーなどのアミューズメント施設があることでも知られる。一見、アニメとは無関係に思えるが、ガルパンは大洗町にあるとされる架空の大洗女子高校に転校した主人公・西住みほを中心に物語が繰り広げられるアニメで、第四話に大洗磯前神社が登場する。ただし、同話の中で重要な場面ではないため、放映直後から数カ月間は痛絵馬の奉納はなかった。

前出の由谷氏の調査によれば、大洗磯前神社への痛絵馬の奉納の嚆矢《こうし》は、埼玉県久喜市の鷲宮《わしのみや》神社にアニメ『らき☆すた』の痛絵馬を奉納したことで知られる茨城県の「拝《お》身《み》朋幸《ともゆき》」と、神奈川県の「元住吉の伊藤」という絵馬師が同時期に奉納したことにある

初詣の時期に、大洗磯前神社の拝殿前に据え置かれた大絵馬。大洗町を舞台にしたガルパンと干支の絵柄が、参拝者の目を楽しませる。

という（前掲書籍）。大洗磯前神社はそもそも大洗町のランドマーク的存在である。ガルパンのファンにとっても作品の舞台となった大洗の市街地を巡礼した後、最後にたどり着く地が同社であり、ファンにとって同社は巡礼の象徴的な地となっている。

コロナ禍以前ではあったが、かつて私が調査した際、全国各地からファンが訪れるという話を地元の方から伺っただけでなく、聖地巡礼のためにと名古屋から同社を参詣して絵馬を奉納する方がいたことには驚いた。このガルパンのファンの参拝による「痛絵馬」の奉納増加に伴って、神社では絵馬掛けを増設。当初は、奉納される痛絵馬の大半に東日本大震災の復興祈願、大洗町の発展が記されていた時期もある。加えて平成二十六（二〇一四）年から大洗町商工会の奉納に基づいて、先に述べた「大絵馬」が本年に至るまで継続して掲げられているという次第である。

令和五（二〇二三）年は、拝殿向かって左に神社が掲げた虎の大絵馬、右にガルパンの大絵馬が掲げられていたが、その姿は、宗教的な聖地であることはもちろん、アニメのコンテンツを追体験する聖地の一つとして大洗磯前神社が位置づけられている証左とも言える。なお、こうしたコンテンツツーリズムの事例は、大洗に限ったものではない。『らき☆すた』の大神輿《おおみこし》も出る鷲宮神社、『ラブライブ！』で知られる東京都千代田区の神田神社（神田明神）、『ひぐらしのなく頃に』の岐阜県白川村の白川八幡神社など多数ある。大洗磯前神社の場合は、ガルパン以外にもオンラインゲーム『艦隊これくしょん』（以下「艦これ」と略す）の聖地としても知られており、絵馬掛けには両者の痛絵馬が共存している。

大洗磯前神社の絵馬掛けには、ガルパンのキャラクターが描かれた痛絵馬がたくさん奉納されている。

艦これについては、「那珂《なか》ちゃん」と呼称されている戦前期の軽巡洋艦那珂を擬人化したキャラクターが登場することによるもので、神社に直接の由来があるわけではない。ただ、ファンにとっては、神社境内に「軍艦那珂忠魂碑」が建立されており、毎年二月に慰霊祭が行われていること、那珂の艦内神社が大洗磯前神社であったことにちなんで聖地化されており、艦これの痛絵馬には、平和を祈念する祈願文が多い。艦これファンによる同社への純粋に平和を祈る痛絵馬と巡礼の増加は、結果的に、遺族の減少によって廃絶寸前だった慰霊祭の継続へと間接的につながることとなった。

人々の平和や幸福を希求する祈りの在り方と神社とのつながり、宗教とコンテンツツーリズムとの関係性から見ても、大洗町が今後も引き続きアニメ聖地の一つとして持続・発展することを願う次第である。

第十七章

地名と神社

❖歴史や伝統を後世に残す努力を

驚きの地名の意味と奥深さ

地域神社の調査をするために市街地を歩いていると、時々、細い路地に出くわすことがある。こうした路地や谷の行き詰まりを、三重県南部の方言では「世古《せこ》（瀬古）」と呼ぶ。同県内の市町村には「世古」に由来する「大世古」「瀬古口」「小世古」といった地名があり、人名では「世古（瀬古）」「小世古」さんという方もいらっしゃる。特に市街地に世古の多い伊勢市では近年、この世古を活用したまちづくりのためのワークショップが行われるなど、地名の持つ意味とその奥深さには、いまだに驚かされることが多い。

神社や神々は、その由緒や歴史の古さから時折、地名へとつながることがある。地名研究家の楠原佑介氏によれば、神社にちなむ地名は「歴史的地名」「伝統的地名」の類いに入るとされる。例えば、八幡神社にちなむ「八幡」や、天満神社にちなむ「天神」は、最も著名な神社地名の一つだ。全国各地には八幡町や天神町などの地名が残存しており、岩手県盛岡市の八幡通りや、大阪市北区にある日本で一番長い距離を誇る商店街として知られる天神橋筋商店街のように、門前にある通りの地名になっているケースも多い。

また、中世の一宮制に由来する「一宮《いちのみや》（一之宮、一の宮）」も神社由来の地名だ。愛知県一宮市は、市街一帯が旧尾張国一宮であった真清田《ますみだ》神社の門前町として栄えたことにちなむものだ。さらには旧相模国の二宮《にのみや》の川勾《かわわ》神社、旧美作国《みまさかのくに》の二宮の高野神社にちなむ「二宮（二ノ宮）」など、一宮とともに市町村名や大字《おおあざ》名、鉄道の駅名になっている地名もある。「宮崎」「宮内」「宮前」「宮下」などの大字・小字《こあざ》も各地で散見される神社関連の地名だ。そこで今回は地名との関係性の中に神道・神社の共生の姿を探してみたい。

盛岡八幡宮へと続く八幡通り。同宮がある八幡町は、八幡宮の門前町として町割されたことに由来している。

地名と神社との関係で私がまず思い出すのは、兵庫県神戸市の生田神社である。政令指定都市である神戸市には、昭和二十（一九四五）年五月から昭和五十五（一九八〇）年十一月まで、「生田区」という生田神社にちなんだ区の地名が存在していた。この「生田」の名は、神戸では鎌倉時代から続く古い地名であったが、行政区域の再編によって四十二年前に無味乾燥な「中央区」という区名に変えられてしまった。

また旧生田区内には、神戸を代表する地名として著名な「三宮《さんのみや》」もある。これは明治期からの町名である三宮町の名に由来するものだ。三宮町は、生田神社の氏子区域内に同社ゆかりの祭神を祀《まつ》った「裔神八社《えいじんはっしゃ》」と呼ばれる一宮神社から八宮神社までの八社のうちの一つ、三宮神社に由来するものである。なお、この裔神八社では、現在でも節分の日に一宮から八宮までの八社を巡拝して厄祓《やくばらい》祈願をする風習があり、生田神社とともに地元住民に親しまれてきた。

都心の中央にあり、日本の行政の中心として知られる官庁街の「霞が関」も日本の神にちなむ地名である。諸説あるが、東京都千代田区が設置している町名由来板（享保二十一年の『武蔵野地名考』を根拠とする）の記載によると、地名の由来は古代にまでさかのぼる。『古事記』や『日本書紀』に登場する日本武尊《やまとたけるのみこと》（第十二代景行天皇の皇子）が、蝦夷《えみし》からの進攻に備えてこの地に関所を設けたことに由来する地名とされ、関所から雲霞《うんか》を隔てて遠

1800年以上の歴史を有する生田神社。神戸（こうべ）という地名は、律令時代、生田神社に租・庸・調を納めた封戸（ふこ）のことを指す「神戸（かんべ）」に由来する。

方を望める地であったという伝承に基づくものと考えられている。

なお、日本武尊に関する地名としては、静岡県の「焼津《やいづ》」が著名である。『日本書紀』によれば、日本武尊が東征の折にこの地を通った際、賊に襲撃されて火攻めに遭ったが、尊は天叢雲剣《あめのむらくものつるぎ》で草を薙《な》ぎ払い、火を放ち、危機を脱した伝承が地名の由来とされ、市名にもなっている。同様にして静岡市清水区にある「草薙《くさなぎ》」の地名もこの火難伝承にちなむものと伝えられている。双方の地には焼津神社、草薙神社がそれぞれ鎮座しており、いずれも延長五（九二七）年成立の『延喜式神名帳』に掲載されたと比定される古社である。

❋「平成の大合併」によって失われたもの

私がかつて調査に訪れた地の中で特に印象的だったのは、静岡県浜松市南区にある「高塚町」の名称だ。JR東海道本線の高塚駅で下車すると、南側に見える木々に囲まれた標高十メートルほどの人工の小山に、高塚熊野神社という神社が鎮座する。同社の由緒は、自然災害と神社地名との関係性を考える上でも実に興味深い。

神社が掲示している由緒によれば、後三条天皇の延久年間（約九百五十年前）に、和歌山県の熊野本宮大社の神職が諸国行脚の途中でこの地に足を留めて創祀《そうし》されたのだが、同社の神職が「高い丘を作って人々を救え」という不思議な夢を見たので、神職は村人と協力して神社の裏山に土を盛り上げて丘を築き上げた。その後時代は下り、安政の大地震が発生した際、大津波によって多数の死者が出たものの、同社の周辺の住民はこの丘に避難して難を逃れて無事であったという。

加えて由緒には、一説として大津波の犠牲者をこの地に葬り、たくさんの砂を浜から運んで高い墓を築いたとも伝えており、それゆえ、大きな墓《つか》であったので大墓《おおつか》、後に高塚と呼ぶようになり、同地の地名になったとある。後者は『遠江国風土記伝《とおとうみのくにふどきでん》』に記されていて、『角川日本地名大辞典』にも旧名は大墓であったとの記載がある。地名研究者の今尾恵介氏も信憑性《しんぴょうせい》の高い説として支持しており、安政以前の慶長年間には「高塚」の地名がすでに呼称されていた記録もあるため、慶長以前の明応地震に伴うものであったと考えられている。

こうした地名を揺るがす大事件としては、平成十一（一九九九）年から平成十七（二〇〇五）年三月までに全国で市町村合併が進んだことが挙げられる。いわゆる「平成の大合併」である。昭和二十八（一九五三）年から同三十六（一九六一）年にかけて行われた「昭和の大合併」の折にも多くの地名が消滅したことで知られるが、平成十一年に三千二百三十二あった市町村が、同二十二（二〇一〇）年には千七百三十にまで減少したことで、市町村名をはじめ大字・小字地名の存続・保存に大きな影響を与えた。

この大合併に伴って不思議な名称を冠した市町村名の事例が、物議を醸したことは言《げん》を俟《ま》たない。合併後はそのまま町名などを住所表示に残存させた例も見られるが、それまでの歴史的地名や伝統的地名を無視して冠されたものも少なくない。合併に伴って行政区域も再編され、町名や住所表示についても先に述べた「生田区」のように、改称されたものも多い。

合併により市町村名が消え、それに伴う歴史的地名が消えることによって起きる人々の反響という問題は、地理学や民俗学、国語学などをはじめ、今後の学術研究で明らかにされていくと思われる。神社に関しても、かつて明治末期から大正期にかけて神社整理という行政施策で約七万社の神社が姿を消したが、それに伴って社名はもちろんのこと、多くの大字・小字地名が消えた。約百年前の大正期のことであっても、神社の旧鎮座地や祭祀《さいし》が行われていたことにちなむ大字・小字地名の歴史的な経緯は、もはや文献史料や石碑などでしか知ることができないものも多い。

地名は番地のような数字符号ではなく、それぞれに固有性、表現性を持つ個性ある存在だ。歴史や伝統を踏まえた地名がいかに人々にとって大切な共有の財産であるか、そのことを後世に伝えるための努力を重ねていくことは、地名を研究する者のみならず、我が国の伝統や文化を守り伝えていく人々の使命の一つになると考えている。人々が「うちのお宮」と親しみを込めて呼称してきた神社が合祀《ごうし》によって消滅した際、その社《やしろ》を信仰していた人々のアイデンティティーは、簡単に合祀先の神社へと向かうものではない。このことは地名にしても同様である。

第十八章

御神木・地域の森林の大切さ

❖いかに後世に守り伝えていくか

神々を祀る地の厳粛さと清浄さ

「鎮守の森」と称される神社を訪れると、田園風景の中にこんもりとした境内林や、大都会のオアシスともなっている明治神宮の森、京都府の賀茂御祖神社《かもみおや》（下鴨神社）の「糺《ただす》の森」など、さまざまな形態が見られる。神社によっては境内に御神木と呼ばれる特定の樹木があり、埼玉県の三峯神社や静岡県の來宮神社《きのみや》のようにパワースポットとして御利益を求める人々で賑《にぎ》わう例もある。

しかし、静岡県掛川市の事任八幡宮《ことのままはちまんぐう》では、数年前に多くの参拝者が訪れて、樹齢五百年ともいわれる御神木の楠《くすのき》に手を触れたことで御神木の幹の樹皮が剝がれたり、ハイヒールなどで木の根を踏みつけて樹勢が弱ったりして、結果、御神木の周囲に柵を設けた事例もある。先に掲げた三峯神社では、とにかく御利益にあやかりたいという一方的な願いだけで御神木にだけ触れ、写真を撮って帰る人々が相次ぎ、貼り紙や立て看板を設けて神社への参拝を喚起したようなケースもある。

神奈川・川崎市中原区の春日神社。常緑広葉樹を主に、大小さまざまな草木によって鎮守の森が形成され、地域住民に親しまれている。

御神木といっても、個々の社《やしろ》によって千差万別だ。樹種も神社の由緒や歴史的な経緯によって異なっており、神社によっては楠や杉、檜《ひのき》をはじめ、樫《かし》、樅《もみ》、銀杏《いちょう》、藤など何種類にわたる場合もある。例えば、島根県の出雲大社や広島県の厳島神社の参道に松林が立ち並ぶ光景や、総延長三十七キロにおよぶ世界最長の並木道である日光東照宮の杉並木などは、参詣者を出迎える存在であり、神々を祀《まつ》る地にふさわしい厳粛さ、清浄さを醸し出している。

松は、榊《さかき》や杉と同じく神の依代《よりしろ》として丁重に祀られてきたことでも知られる。奈良県の春日大社では藤や榊、竹柏《ちくはく》など神木とされるさまざまな樹木がある中で、かつて一之鳥居を入った参道南側に「影向《ようごう》の松」と呼ばれたクロマツの老木があった。延慶二（一三〇九）年の『春日権現霊験記《かすがごんげんれいげんき》』には、春日の大神が翁《おきな》の姿にて降臨し、この影向の松の上空で萬歳楽《まんざいらく》を舞った姿が描かれている。

しかし、残念ながら平成七（一九九五）年に伐採され、現在はその切り株の後方に後継樹となる若松を育樹中である。同社の著名な祭礼の一つである「春日若宮おん祭」では、この松の前で「松の下式」が行われ、猿楽や田楽などの各演目が奉納されるが、能舞台の正面の鏡板に描かれている老松の絵はこの影向の松であると考えられている。

杉や檜は、各地の神社で御神木となっているケースも多い。変わったものでは、「生田の森」で知られる兵庫県神戸市の生田神社の「杉盛」がある。同社では毎年正月に、高さ約三・五メートル、直径一・五メートルの杉の小枝二千本を盛り合わせた「杉盛」を楼門前に飾る。この杉盛は五穀豊穣《ほうじょう》や地域の繁栄などを願う正月飾りの一種で、小正月まで飾られており、一般的にいう門松にあたるものとして考えられている。生田神社では延暦十八（七九九）年の河川氾濫で旧鎮座地にあたる砂山《いさごやま》で松が倒れて社殿が被災。それを契機に現在地へと遷座したという伝承があるため松を忌む。ゆえに今でも同社境内には松が一本もない。

また、同社には、「箙《えびら》の梅」と呼ばれる一株の老梅が境内にあるが、これは源平合戦の際に活躍した梶原源太景季（令和四〔二〇二二〕年に放送されたNHK大河ドラマ「鎌倉殿の13人」に登場する梶原景時の子）が、この梅の枝を折って箙に挿して奮戦し、武功をなしたことによる名である。同じく源平合戦にちなむものとして、武蔵坊弁慶が源義経の戦勝祈願の代参のため、生田神社に参拝した際に奉納したとされる「弁慶の竹」と呼ばれる竹や、一の谷の合戦で熊谷直実に討たれた平敦盛が愛《め》でたとされる「敦盛の萩」、信州飯田藩の第十一代藩主の堀親義が奉納した八丁梅があり、杉以外にも境内に歴史的な事象にちなむ樹木が多い。

❋ 先の悲惨な戦争を知る生き証人

杉について言えば、伏見稲荷大社の「しるしの杉」も著名だ。同社では、杉の木を富の木と称して、古来、稲荷神の霊徳を象徴する御神木の第一として尊んできた。それゆえ毎年、稲荷の縁日である初午《はつうま》の日には「験《しるし》の杉」を社頭で授与している。杉は一年中青々としている常緑樹であるところから、晩秋になって収穫される稲の豊作を予祝するために生気ある杉の葉を稲穂に見立てて、その年の豊作を祝うために用いたと考えられている。

神社の境内にある樹木の中には、源実朝を暗殺した公暁が隠れたとされる鎌倉の鶴岡八幡宮の大銀杏（残念ながら平成二十二［二〇一〇］年三月の強風による倒木のため伐採）のように、歴史の生き証人的な扱いとなっている樹木もある。東京都豊島区南大塚の天祖神社は、旧巣鴨村の鎮守として知られるが、石段を登って境内の右手に「夫婦《めおと》銀杏」と呼ばれる樹齢六百年、高さ三十メートルの雄雌一対の御神木がある。

第二次世界大戦末期の昭和二十（一九四五）年四月、米軍による大規模空襲の折に天祖神社の社殿は全焼し、この夫婦銀杏も焼木となった。罹災《りさい》後、枝葉はもちろん、幹も焼け焦げて樹勢も衰えたため、枯れ木になると懸念された。ところが、その生命力は素晴らしく、銀杏の高さを半分にし、枝も大規模な剪定《せんてい》を行ったところ、見事に樹勢が回復して現在に至っている。この夫婦銀杏の雌木の幹の中には大きな空洞があり、黒く焼け焦げた箇所を肉眼でも確認することができる。数多《あまた》ある御神木の中でもとりわけ、先の戦争の悲惨さを知る生き証人的な樹木の一つと言えよう。

樹木を用いた祭礼として最も著名なものに、長野県の諏訪大社の「御柱祭《おんばしらさい》」がある。寅《とら》年と申《さる》年に行われる「御柱祭」の中でも最も有名かつアグレッシブな神事である「木《き》落《おと》し」は、令和四（二〇二二）年五月に行われる予定であったが、残念ながらコロナ禍による感染防止のため、二月末に中止の発表がなされた。この御柱祭では、神の依代となる御柱と呼ばれる大木を伐《き》り出して、諏訪大社の各宮境内の四隅に立てる。上社は八ヶ岳、下社は霧ヶ峰から十六メートル余の樅の巨木を氏子が総力を挙げて伐り出して運搬する。

この御柱祭は、木落し、川越し、木遣《きや》り、里曳《さとび》き、建《たて》御柱などの神事で構成されるが、旧諏訪郡の二十四カ町村、約二十万人の氏子たちの奉仕によって盛大に斎行され続けてきた。

諏訪大社の氏子総代を務めた山田三夫氏は、「諏訪の氏子はみんな、御柱を基礎にして、次の世代に伝えていく。いろいろな役割とか、地域の中でも区の役員を決めるから何から、御柱から遡《さかのぼ》って決めている」（諏訪大社監修『お諏訪さま　祭りと信仰』勉誠出版）と述べている。諏訪市や茅野市、下諏訪町に限らず、諏訪周辺の市町村では、現在でも地域の個々の小社、小祠《しょうし》に至るまで、境内の四隅に諏訪大社のように御柱が立てられている社が多い。そのことからも山田氏の言は、御柱祭がいかに旧諏訪郡の住民にとって大事な神事、地域の人々の精神的紐帯《ちゅうたい》となっているかを指し示したものであると言える。

我が国においては、『万葉集』に「神の坐す森」である神社や社の文字を「モリ」と訓《よ》み、「社」「杜」「森」が同じ意味で訓まれてきたように、神と森は離れ難いものである。神の占有する聖地を意味する「社」は、森そのものが神の依代とされ、人の入るこ

天祖神社の夫婦銀杏。雌木（写真右）には、第二次世界大戦の空襲によって焼けた跡が今も残っている（写真は天祖神社提供）。

とを禁じられた境域でもあった。奈良県の大神《おおみわ》神社のように本殿はなく、拝殿の奥にあるうっそうとした三輪山の森を禁足地として、三輪山そのものを御神体として崇《あが》めてきたことは、その端的な例の一つである。

一方で、石田一良氏が説くように、神のモリを人間に開放して、娯楽の場所としたのは、室町時代の新しい風習であり、神道における神観念の変化に伴ったものであるとする論もある。石田氏の論をいかに考えるかどうかは別としても、神社の森が今後どのように取り扱われていくかは、神道と日本文化、日本人の宗教文化を考える上で無関係ではないと思う。

毎年、神社の社有地が道路や河川工事などの公共工事のために売却され、中には、その総面積が東京ドーム十数個分にもなる年もある。それだけの土地が収用されるということは、境内にあった多くの森もなくなることを意味する。御神木のみならず、里山を含めた地域の森林、緑地帯をいかに後世に守り伝えていくか。都市部では境内の落ち葉によるご近所問題もあるとは聞くが、環境問題やＳＤＧｓ（持続可能な開発目標）の問題のみならず、日本人の環境文化に関わる大きな問題であろう。

第十九章

豊かな実りをもたらす神助に感謝

❖神々と酒との縁に思いを馳せる

日本における酒の起源は出雲神話

水田と里山に囲まれた田園風景が広がる新潟県長岡市の越路地区には、〝米どころ新潟〟を代表する日本酒「久保田」を醸造する朝日酒造がある。同酒造の仕込み水は、隣接する朝日神社の二の鳥居脇の湧き水「宝水」に連なる地下水脈を使用している。この「宝水」は、県内の醸造元で用いられる仕込み水の中でもとりわけ硬度が低い軟水だ。硬度の低い水は穏やかな発酵を促すため、淡麗かつ辛口の酒に向いており、まさに国内有数の吟醸酒造りに適した宝の水と言えよう。

この御神水が湧き出る朝日神社は、ＮＨＫ大河ドラマ「鎌倉殿の13人」にも登場した朝日（旭）将軍こと、木曾義仲（源義仲）ゆかりの社《やしろ》である。一説によれば、義仲の家来の一人が義仲の死後、越後の地に移り住み、この地を朝日と名付けた。それとともに、同社の鎮座する小高い山を朝日山と称して神社に義仲愛用の太刀を奉納したため、別名を「剣権現」という。加えて、『越路町史』によれば、隣接する朝日寺にも義仲が建てた祈願所、もしくは義仲の死後、巴御前が再建した寺という由緒が残されている。

朝日酒造の軒先に掲げられた杉玉。毎年秋の新酒ができた時に新しいものと付け替えられる。最初は緑色だが、徐々に茶色に変化する。

大学時代にお世話になった外山秀一先生のご縁で、平成十八（二〇〇六）年に、新社屋の竣工《しゅんこう》直後に朝日酒造に伺ったことがある。その際、社屋の前に杉の葉を束ねて作られた直径四十センチほどの球体の「杉玉」が掲げられており、コンクリートの真新しい社屋とも相まって、鮮烈な印象を受けたことを思い出す。昔から造り酒屋といえば、別名「酒林《さかばやし》」とも呼ばれる大きな杉玉が掲出されており、江戸前期から酒屋の目印、あるいは新酒の出来上がりを示す合図として用いられていた。

なぜ、杉の葉で作った玉が酒屋の目印となったのかという定説はないが、一説によれば、酒の神としても知られる大物主神《おおものぬしのかみ》、少彦名神《すくなひこなのかみ》を祀《まつ》る奈良県桜井市の大神神社《おおみわじんじゃ》の御神木が杉で、同社に古くから伝わる神楽「杉の舞」に由来しているという（小泉武夫『日本酒の世界』講談社学術文庫）。同社では、毎年十一月十四日に「醸造安全祈願祭（酒まつり）」が斎行され、杉の葉で作った「しるしの杉玉」を全国の酒造・醸造業者に授与している。それゆえ、全国各地の造り酒屋で見かける杉玉はこの「しるしの杉玉」の習わしが伝わったと考えられている。

日本における酒の起源は出雲神話にさかのぼる。『古事記』においては、須佐之男命《すさのおのみこと》が八俣遠呂智《やまたのおろち》（八岐大蛇）を退治するために八塩折《やしおり》の酒（『日本書紀』では「八醞酒」）を醸《かも》したことでも知られるように、記紀神話には、酒に関わる神々が登場する。新潟の酒の起源も、越の国の沼河比売《ぬまかわひめ》（奴奈川姫《ぬなかわひめ》）が大国主神《おおくにぬしのかみ》に酒を醸し捧げたことが『古事記』に記されていることに由来する。

神々の系譜でいえば、酒解神《さけとけのかみ》と酒解子《さけとけこ》は、大山祇神《おおやまつみのかみ》（大山津見神）とその娘の神阿多都《かむあたつ》比売《ひめ》とされており、『日本書紀』では神阿多都比売が神吾田鹿葦津姫《かむあたかしつひめ》（木花開耶姫《このはなのさくやびめ》）とされる。書紀の神代下巻には木花開耶姫が「其《そ》の田の稲《いね》を以《もっ》て天甜酒《あめのたむさけ》を醸《か》みて嘗《にいなえ》す」とあり、木花開耶姫が子を産んだ際に天甜酒が醸造されたとある。両神は共に京都の梅宮大社に祀られ、古代より醸造の祖神として崇められている。

先に掲げた大神神社も酒の神だが、奈良時代末に成立した『万葉集』には、「味酒《うまさけ》」

という語が、大神神社とその神体山である三輪山を示す「三輪」にかかる枕詞として、しばしば登場する。御祭神の大物主神は、『日本書紀』の崇神天皇条に、杜氏《とじ》の高橋活《たかはしのいく》日命《ひのみこと》が、天皇に神酒を献じた時に、「此《こ》の神酒《みき》は　我が神酒ならず　倭《やまと》なす　大物主の醸《か》みし神酒　幾久《いくひさ》　幾久」と歌ったという記述があり、大物主神のご神助によって会心の美酒を造ることができた故事から、酒造りの神として尊崇されている。

また、同じく御祭神の少彦名神も『古事記』の神功皇后の御歌（酒楽歌）に「この御酒は　我が御酒ならず　酒《くし》の司《かみ》　常世《とこよ》に坐《いま》す　石立《いわた》たす　少名《すくな》御《み》神《かみ》の神壽《かむほ》き……」とある。

また、京都の松尾大社《まつのおたいしゃ》に祀られる大山咋神《おおやまくいのかみ》も酒の神である。松尾大社は、京都盆地の西側に多く居住していたとされる秦氏が文武天皇の勅命によって社殿を創建した社で、特に室町時代以降、「日本第一酒造神」としても尊崇されてきた。現在でも十一月に醸造祈願の「上卯祭《じょううさい》」、四月に醸造感謝の「中酉祭《ちゅうゆうさい》」が行われ、京阪神を中心に杜氏や蔵元関係者などの参詣が多い。また、杜氏が同社に詣でて境内に湧き出る「亀の井」から御神水を頂いて仕込み水の一部に混ぜると酒が腐らないとの伝承もある。

✹日々の祭祀において欠かせない神酒

「御神酒《おみき》あがらぬ神はなし」といわれるように、各神社では日々の祭祀《さいし》において「神《しん》饌《せん》」と呼ばれる神に奉る食事に、米や餅とともに、米を用いて醸造した酒を必ず供える。酒がなくては、日本の神祭りは始まらないといってもよいほどだ。現在、各神社で供えられる神饌の順位は、神社本庁が定めた神社祭祀規程や神社祭式行事作法に基づくが、その規程ができる以前から、酒は米や餅とともに神社に供えられる神饌の中でも、中心的な存在となってきた。そのことは、祭祀の際に奏上される神職の祝詞《のりと》の多くに「神饌神酒種々の味物《ためつもの》を献て奉りて」と、酒を献じ奉る一文が記されていることからも明らかだろう。

さらには、神社によっては古くから伝わる特殊な祭祀を斎行するにあたり、甘酒のような一夜酒的なものも含め、神社内で酒を醸して神事を斎行することもある。特に濁酒や清酒などを税務署の許可を得て境内で醸造し、神事に用いている神社の数は現在四十社余と多くない。それは明治二十九（一八九六）年に酒造税法が制定されて以降、醸造のための「酒類製造免許」が必要となったこともあって、祭祀用であっても容量・使用期間など税務署への詳細な申告や、当局による製造した酒の検定確認、酒税の納付など事務的な手間が多いことも理由の一つだ。

清酒の製造許可を得ているのは出雲大社など数社に過ぎず、それゆえ神社で自ら醸造して行う神事の大半は濁酒などの雑酒を用いたものである。これら四十社余のうち約半

明治神宮の南参道に積まれている菰樽。力強い筆文字や日本らしい絵柄が参拝者の目を引く。

数の社では、古くからの醸造方法である「どぶろく仕込み法（蒸米《むしまい》、麹《こうじ》、水の全量を一度に桶に仕込む手法）」にて神事用の酒を醸造している。出雲大社では、酒殿にあたる御供所《ごくしょ》と呼ばれる施設で日々の祭祀で供える酒を仕込むが、境内の御《み》饌井《けい》と呼ばれる井戸で水を汲《く》み、仕込み水に用いている。また、十一月の古《こ》傳新嘗祭《でんにいなめさい》では古式に則《のっと》り仕込み醸した「醴酒《ひとよざけ》（れいしゅ）」と呼ばれる特別な酒が供えられる。

　最後に東京都内における酒にちなむ社の話題を二つほど述べておきたい。一つ目は、明治神宮である。同宮には毎年多くの農水産物が奉納されるが、菊正宗や大関など神戸灘の酒造家らで組織された甲東会と、明治神宮全国酒造敬神会員らによって奉納された二百十六個の日本酒の菰樽《こもだる》が、第二鳥居前の参道脇に立ち並び、その姿は壮観である。
　もう一つは、東京都渋谷区の恵比寿ガーデンプレイスの一角にある恵比寿神社だ。同社の鎮座地は、恵比寿ガーデンプレイスに再開発される以前、サッポロビールの工場であった。同社は、明治二十七（一八九四）年にサッポロビールの前身である日本麦酒醸造会社が、えびす大神（蛭児大神）を祀る兵庫県の西宮神社から御分霊を頂いて工場の鎮守社として創建した社で、再開発後も商売繁盛や開運招福を願う人々の参詣が絶えることがない。なお、恵比寿には駅の近くにも同名の恵比寿神社が鎮座しているが、こちらはもともと天津神社と称しており、戦後区画整理の際に同じく「えびす様」と呼ばれる事代主神を祀り改称したものである。

恵比寿ガーデンプレイスの一角にある恵比寿神社は、同施設が平成6（1994）年に竣工した際、現在の社殿に建て替えられた。

　神社では祭りの後に神々に供えた神饌と

神酒を頂き、参会者が共に語らう共飲共食の「直会《なおらい》」がつきものだが、コロナ禍を経験した現在の社会情勢では、この直会一つとっても旧慣に戻すことがなかなか難しい状況にあることは言うまでもない。百薬の長と呼ばれる酒と神々の縁に思いを馳《は》せつつ、ぜひ日々の生活と健康を支える飲食の重要性を改めて見直したいものである。

第二十章

個々の神社や御祭神を示すシンボル

❖神社の歴史や由緒が分かる神紋

❁我が国における紋章の起源は神話の時代

私はいわゆる掃苔家《そうたいか》や〝墓マイラー〟ではないが、時折、各地の墓苑に赴いて墓の調査を行うことがある。近年の墓苑では、墓石の表面に「○○家之墓」といった名称があまり見られず、「倶会一処《くえいっしょ》」といった仏教にちなむ言葉をはじめ、花や楽譜が刻まれたり、その人が好んだ文章や四字熟語、あるいは生前の事績が記されるなど、さまざまな形式の墓標が見られる。現代社会における墓には、かつてのような均一的なものでなく、多様な墓の在り方が共存しているのだ。

墓苑の調査を行う際に時々見かけるのが、戦後の均一的な様式で建立された墓の多くに刻まれた家紋である。七千種を超えるとされる家紋の起源は、おおよそ平安時代末期と考えられているが、事代主命《ことしろぬしのみこと》が市を開いた際に物品が混交しないように、柏の葉や蔦《つた》の葉で区別したという神話の時代にまでさかのぼるという説もある（井上久太郎編『新撰伊呂波引紋帳大全』）。

私は、幼い頃からお彼岸やお盆に墓参りへと赴くと、個々の墓石に記された多種多様な文様の家紋に興味津々だった。そこで見た家紋の一つが、とある神社に詣でた際に見たものと同じであり、父に尋ねて御神紋（以下、神紋と記す）の存在を教えてもらったことが、神紋に興味を持つきっかけとなった。

神紋については、かつて姓氏・紋章研究家の丹羽基二氏が『家紋――千五百種の美と歴史』（秋田書店）という著書の姉妹編として、昭和四十九（一九七四）年に『神紋――神社の紋章』（同）という書を著している。同書は全国四千八百二十七社の神社を調査し、百二十種類の神紋について、その由緒と全国分布を記した神紋研究の好著である。丹羽氏は全国に約八万社ある神社の神紋の種類を約二百種類と推計する。紋章学研究でも神紋の発生時期を家紋の発生とほぼ同時期の平安末期としており、人々の生活と信仰とが神紋を媒介として結びついていたと考えられている（『神紋』など）。とはいえ、八百万神《やおよろずのかみ》といわれるほど神社に祀《まつ》られる御祭神は多いにもかかわらず、神紋の種類がさほど多くないのは意外とも言える。

考古学者の樋口清之氏によれば、神紋の種類が多くない理由としては、もともと古代の神社は社殿さえなかった時期があり、社殿が発生した後も装飾様式を受け付けない時期が続いていたことや、そもそも神道が紋章によって神社を区別する、あるいは他社と区別する必要性を持たなかったため、神紋は家紋のように多種類に発達しなかったと考えられている（『神紋』の「本書に寄せて」より）。そこで神紋の一部を紹介しつつ、その魅力について述べてみたい。

❋全国で一番多く見られる最も著名な巴紋

神紋の起源は主として、祭神に関する伝承や、神職または有力な氏子の由緒に基づいて生まれたと考えられている（岡田米夫著『日本史小百科　神社』近藤出版社）。また、神紋は大きく、①神紋②社紋③社家紋という三種類に分類される。

①は、神社に祀られる御祭神の紋のことで、狭義の意味での神紋である。②は神社の表徴《しるし》にあたるもの。③は神社に代々奉仕する神主家（社家）や氏子らの家紋であるが、奉仕する神主家自体が祀られている御祭神の子孫というケースもある。また、神社によっては神紋は一つではなく、祀られる御祭神の数や歴史的な由緒によって、二種類以上

が神紋として用いられている場合もあり、祀られる御祭神ごとに異なる場合もある。

神紋の代表ともいうべき紋所は巴紋《ともえもん》で、全国の八幡神社で多く用いられている。八幡神社以外にも茨城県の鹿島神宮や千葉県の香取神宮、京都府の八坂神社などの著名な神社でも神紋となっており、全国で一番多く用いられていることから最も著名な神紋とも言える。

巴紋が用いられる八幡神社の中でも、鶴岡八幡宮（神奈川県）では、替え紋として社殿などに巴紋が用いられているが、鶴丸と呼ばれる鶴紋を神紋としている。この鶴紋は、由比若宮と称される同宮が現在の地に遷座される以前に鎮座していた由比郷鶴岡の「鶴」の地名にちなんだものとも伝えられる。天にも届くほどの鶴の甲高い声は立身出世を示すとされ、鶴の習性からも良縁や夫婦円満の縁起があることから、祝いの席で用いる文様としても知られている。

鶴岡八幡宮が鶴丸を神紋とするのは、先に掲げた由緒に加え、鎌倉幕府を開いた源頼朝が天下統一を祝って、八幡宮から吉祥の印として千羽の鶴の足に金の短冊をつけて、一斉に飛び立たせた故事にもちなむ。このほか、八幡神の神使が鳩《はと》であることから鳩紋を神紋としたり、社号額の「八」に鳩を記したりする社《やしろ》もある。八幡社とともに神社数の多い稲荷社については、賽銭《さいせん》箱や幟旗《のぼりばた》などに稲紋が刻まれていることが多いが、稲荷

靖國神社の拝殿には、菊の御紋が記された大きな幕が掲げられているが、春秋の例大祭などの祭典のある日は紫の幕、祭典のない日は白い幕が張られている。

宝珠と呼ばれる仏教的な紋が替え紋として神紋に用いられている場合もある。

また、靖國神社には拝殿に張られた幕の左右に十六弁の菊の御紋がある。この御紋のある幕は、祭典がある際には紫の幕、平時は白の幕である。菊花紋は明治時代以前、皇室との関係が特に深い神社や寺院のみで使用を許されており、三重県の伊勢神宮や京都府の賀茂別雷《かもわけいかづち》神社（上賀《かみが》茂《も》神社）、賀茂御祖《かもみおや》神社（下鴨神社）、仁和寺や聖護院など、ごく一部の社寺のみが使用できた紋である（伊勢神宮では古来、神紋はなかったが、明治期に入り十六葉菊花紋と社殿の飾り金具に用いられてきた花菱《はなびし》を神紋的に用いている)。

❁ 神紋の細かな差異が神社の系統を示す

近代になると、明治二(一八六九)年八月二十五日の太政官布告第八百三「社寺濫に菊御紋を用ふること禁止」と明治四(一八七一)年六月十七日の太政官布告第二八五「菊御紋使用は、皇族の外、すべて禁止の件」が出されたことで、その使用を厳重に取り扱うこととなり、菊花紋の権威を高めることにつながった。

その後、明治十二(一八七九)年四月二十二日の太政官達第二十号「国幣社社殿の装飾及び社頭の幕・提灯に限り菊御紋使用差支なき件」、同五月二十二日の太政官達第二十三号「明治二年八月の制以前、神殿、仏堂に装飾の菊御紋に限り特に存置せしむる件」の達が出されてからは、官国幣社一般に菊花紋を使用することを許すようになり、他の神紋を用いていた神社でも菊花紋を使用するようになり、全国各地の社に普及した。なお、靖國神社では十六弁菊花紋の中に桜花を重ねたものを社紋として用いている。

一方、時代劇の水戸黄門で毎回終盤に登場する印籠に刻まれた三つ葉葵《あおい》の紋は、徳川家の家紋として著名である。神社の神紋としては、徳川家康を祀る全国の東照宮の神紋となっている三つ葉葵のみならず、さまざまな種類の葵紋が神紋として用いられている。

京都三大祭の賀茂祭には双葉葵（ウマノスズクサ科の多年草）を供え、社殿を葵で飾るほか、神職の冠にも葵を付けるが、賀茂祭を斎行する賀茂別雷神社、賀茂御祖神社の神紋は双葉葵（二葉葵）である。さらに、賀茂別雷神社の御祭神である別雷神の父神にあたる大山《おおやま》咋命《くいのみこと》を祀る京都府の松尾大社や滋賀県の日吉大社、東京都の日枝神社でも葵紋を神紋に用いている。

八坂神社の門柱に刻まれている神紋。同社では、巴紋（門柱上部左）と木瓜（もっこう）紋を神紋としている。

なお、日枝神社の場合、江戸時代に徳川将軍家からの庇護《ひご》を受けていた社だが、神紋に関しては本社にあたる日吉大社にちなむもので、将軍家から頂戴《ちょうだい》した紋ではない。松尾大社の葵紋については、立ち葵と呼ばれるもので、同様に葵の葉の間に蕾《つぼみ》を持つデザインの日枝神社の葵紋とは図案が異なる。松尾大社の神紋は同じ葵紋でありながらも、日吉大社や日枝神社のものとは違うデザインの流れで、同一の神を祀る神社であっても、神紋の細かな差異をもって無言のうちに神社の系統が異なることを示しているのだ。

神紋は現代社会でいうところの企業のロゴマーク、CI（コーポレート・アイデンティティー）とは意味合いが異なるものかもしれない。しかしながら、個々の神社や御祭神を示す上で目に見えるシンボルでもあり、その社の歴史や由緒の一部でもある。神紋が神社の由緒とともにその社の表徴の一つとして取り入れられ、一社の中でも一つならず幾つかの替え紋も含めて、その社で共存・共生してきた歴史にも、日本人の神社信仰の側面の一つをうかがい知ることができよう。

第二十一章

日本の神々と人と馬との関係

❖社会を支え、神を乗せる貴重な存在

神の乗り物として尊ばれた馬

かつて、九州のある著名神社の宮司さんと談笑していた際、「私はまもなく八十歳を迎えるが、例祭ではいまだに装束姿で馬に乗っているんだよ」とおっしゃっていたのを思い出した。この言の通り、各地の神社では時折、祭礼行事にて馬に騎乗した神職らの姿を見ることがある。

また、関西のある神社にて祭礼調査の折、五キロ先の御旅所《おたびしょ》まで牽《ひ》かれていく直前の神馬《しんめ》を一目見ようと、多くの人々が神幸《しんこう》行列の周りに集まっている光景に出くわしたことがあった。日頃、その馬の管理に携わる神職は、「神馬は本当に人を集める力がある。

やっぱり人は牛や馬が好きなんだよね」とおっしゃっていた。この言葉からも、神々を介してうかがい知る日本人と牛や馬との関係性には実に興味深いものがあろう。

このことをふと思い出したのは、本書第十六章で社寺に奉納する「痛絵馬《いたえま》」についてわずかながら言及したことにある。一般的に絵馬の起源は、神社への馬の奉納が変化したものだと考えられている。しかし、アニメやマンガ、ゲームなどのサブカルチャーに深く関わる「痛絵馬」は、社寺に祈願や感謝の念をもって奉納される従来の絵馬の類別から見れば、やや趣が異なる。その点でも痛絵馬は絵馬の新たな形の一つであり、民俗信仰の観点から見ても面白い事象である。そこで、ここで馬と日本の神々との関係について述べてみたい。

盛岡八幡宮では、例大祭（盛岡秋まつり）の際に、南部流鏑馬の本馬場が境内に設けられる。コロナ禍の影響で、二年間中止になっていたが、令和四年、三年ぶりに奉納された。

中国古代の歴史書である『魏志』倭人

伝には、日本には「牛・馬・虎・豹《ひょう》・羊・鵲《かささぎ》なし」との記述がある。考古学的な見地はともかく、同書の記された弥生時代後期には、我が国に牛馬がいなかったということだ。馬が我が国の歴史書に登場するのは、『日本書紀』雄略天皇十三年九月の条に「甲斐の黒駒に乗りて、馳《は》せて」とあることから、日本では少なくとも古墳時代にはすでに種々の用途に人々が馬を用いていたと考えられている。以降、我が国では人の能力を超える強大な力を持つ馬が農耕作業や交通、軍事、物資の運搬に利用されるとともに、人々の社会生活を助ける貴重な存在として飼育されてきた。

また、「神馬」とも称すように、日本人は馬を神の乗り物としても考え、神聖視してきた。前述した通り、祭礼等に馬を用いる神社もある。東京都内の例としては千代田区の神田神社（神田明神）や板橋区双葉町の氷川神社が挙げられる。全国各地で宮司や禰宜《ねぎ》ら神職が例祭の折に、馬に騎乗して氏子区域を練り歩くケースがある。馬が登場する祭礼で特徴的なのが、宮崎市の宮崎神宮の例祭だ。

同宮の秋の例祭では、宮司や禰宜ら神職が馬に騎乗して、御祭神である神武天皇の御霊《みたま》をうつした神輿《みこし》とともに、御旅所までの四キロを練り歩く。行列の前列を御神幸行列、後列を神賑《しんしん》行列と呼ぶ。この神賑行列の中に、宮崎県の伝統的な習俗として知られる「シャンシャン馬」と呼ばれる模擬新婚夫婦による行列がある。着物を着た女性が馬に

神田神社（神田明神）の神馬・神幸（みゆき）号「明(あかり)」。長野県佐久市生まれの牝(めす)のポニーで、名前には、明るく平和な世の中になってほしいとの願いが込められている。

騎乗し、着物姿の男性が馬をひいて練り歩く人気の行列で、多くの見物客で賑《にぎ》わう。なお、「シャンシャン馬」自体は、花嫁を馬に乗せ、花婿が手綱を取って旅姿で日南海岸沿いの険しい道のりを、鵜戸《うど》神宮《じんぐう》へ参詣するというもので、江戸時代中期から大正初期まで宮崎県内で行われていた婚礼習俗である。つまり、宮崎神宮の例祭での「シャンシャン馬」は、単なる祭礼の神賑行列ではなく、鵜戸神宮へと参詣した県内の婚礼習俗を、形を変えつつも現代へと受け継ぐ大切な行事なのだ。

各地に残る馬を用いる神事

祭礼の折に馬が氏子区域を練り歩く行事は、交通事情の変化や牛馬の飼育の減少などさまざまな社会情勢から衰退してきたが、その痕跡を示すものの一つとして、岡山県津山市二宮に「髙野神社神馬之霊碑」と銘のある神馬塚を挙げておこう。

この神馬塚は、旧美作国《みまさかのくに》二宮とされる髙野神社の神馬を弔うために建立されたもので、同社では断絶してしまったが昭和十年代（一九三五〜一九四五年頃）までは、秋の例大祭の祭礼の折に神馬の背に御幣《ごへい》を載せて、宇那堤森《うなでがもり》と呼ばれる神社の御旅所まで御神幸を行っていた。この御神幸に携わった神馬に感謝すべく、氏子らによって築かれたのが、神馬の供養塚（弘化二年、元治元年、明治十五、三十九年の四基と年代不明の三基を合わせて計七基）である。

この神馬塚は平成十三（二〇〇一）年に国道五三号線津山バイパス工事のため、塚を整理することとなり、由緒を記した石碑とともに二宮美和山墓地付近に新たに「神馬之霊碑」が建立された。この例は戦前期とはいえども、神輿を神の乗り物として御神幸に用いるようになっても、御幣を神霊の依代《よりしろ》として神馬の背に搭載して神社の祭礼に用いていたという証左である。

馬に関わる神事の多い京都府や奈良県などの古社では、例えば賀茂御祖《かもみおや》神社（下鴨神社）の御蔭祭《みかげまつり》のように、御蔭山から神霊を迎えるために錦蓋《きんがい》を馬の背に覆うが、これも神が馬の背に降り立つことを示している。それゆえ、地方の古社の一つである髙野神社においても神馬に御幣を載せていたという点は大変興味深い。

馬を用いる神事には、約九百三十年前の堀河天皇の御代に始まったとされる京都の賀《か》茂別雷《もわけいかづち》神社（上賀茂神社）の競馬行事や、鎌倉の鶴岡八幡宮の例大祭で斎行される流鏑馬《やぶさめ》行事のように、颯爽《さっそう》と境内を馬が駆け抜ける豪壮なものも著名である。

一方で、毎月粛々と斎行されているものに伊勢神宮（三重県）の神馬牽参《けんざん》という儀式がある。神宮では奈良時代に神馬が牽進《けんしん》されていたという記録があり（『続日本紀《しょくにほんぎ》』寶亀元年八月条）、平安時代の法令である『延喜大神宮式』にも、二月の祈年祭、六月・十二月の月次祭に一疋《いっぴき》ずつ、十月の神嘗祭に二疋、合計五疋の馬を皇大神宮《こうたいじんぐう》（内宮《ないくう》）、豊受大神宮《とようけだいじんぐう》（外宮《げくう》）に奉っていたという記録がある。

この神馬牽参は現在、神宮では毎月一日、十一日、二十一日の午前八時に内宮、外宮の両宮において皇室より奉納された神馬一頭がそれぞれ菊の紋章のついた馬衣を身にまとい、御正宮にお参りして頭を下げる。現在も宮域内には第二鳥居をくぐった左に内御《うちのみ》厩《うまや》、裏参道口御橋の外に外御厩《そとのみうまや》があり、運が良ければ御厩に詰めている神馬に出会うことができる。もちろん、神馬として皇室から神宮に牽進されていることもあって人がこの馬に乗ることはできないが、御厩にいない時は獣医が駐在する御馬休憩所におり、どの神馬も丁重に取り扱われているため長寿である。この神馬は退落まで、月々の牽参の勤めを果たしている。

❋ 邪気を退け延命長寿を祈る白馬神事

また、神と馬との関係性を示すものに、毎年一月七日に大阪の住吉大社で行われる「白馬《あおうま》神事」がある。『万葉集』四四九四番の歌に「水鳥の鴨羽の色の青馬《あをうま》を今日見る人は限《かぎり》無しといふ」（大伴家持）と詠《うた》われるように、この神事は年初に白毛または葦《あし》毛《げ》の馬を見ると邪気を祓《はら》い、延命長寿になるという信仰にちなむものだ。宮中でも奈良時代から「白馬節会《あおうまのせちえ》」という名称で行われていた。

同社では、午前十一時に神馬白雪号が二名の神職、馬をひく神馬守とともに第一本宮前まで出でた後、斎主による祝詞奏上があり、神馬守の介添にて白雪号が第一本宮に拝礼す

藤森神社（京都府）に安置された神馬像。同社は古くから勝運と馬の神として崇（あが）められ、篤（あつ）い信仰を集めてきた。

る。その後、第二本宮から第四本宮までを白雪号がそれぞれ拝した上で、第一本宮の周囲を三匝《さんそう》（三回廻《めぐ》る）し、第四本宮の周囲を一匝して、第一本宮へと戻り拝礼、退出する。かつては春の七草にあたる七種菜を用いた饗膳もあったが、現在は途絶している。白毛の神馬白雪号を一目見て邪気を退け、無病息災を願う人々、あるいはこの日に授与される竹駒守を求める人々で賑わう正月恒例の特殊神事である。

住吉大社のほか、賀茂別雷神社や鹿島神宮（茨城県）などでも名称や内容は若干異なるが、同種の神事が行われている。なお、住吉大社では、白河上皇や源頼朝なども神馬を奉献した記録があり、昭和初期まで同社の神馬が飼育されていた大阪市東住吉区山坂一丁目に神馬塚が建立され、祭礼で活躍した歴代の神馬が祀《まつ》られている。

本書では、牛についてはほとんど言及できなかったが、菅原道真を祀る全国の天満宮では牛が神使となっている。天満宮以外にも岡山県津山市の中山神社のように、各地の神社では、境内や参道脇に農業の守護神として牛の銅像や石像が奉納されている場合も多い。人々の社会生活を助ける貴重な動物である馬や牛の有り難さに感謝しつつ、神道のみならず、今後も人々の宗教的信仰と動物との関係性を探ってみたいものである。

第二十二章

雨や熱を運ぶ「風」に感謝

❖農耕の無事を神々に祈る

❁伊勢にかかる枕詞は「神風の」

あくまでも個人の主観だが、伊勢地方は他の地域に比べて風がよく吹く印象がある。私が初めて伊勢を訪れたのが、寒風すさぶ一月末のことで、冬の季節風が吹く時期であったためかもしれない。「神風の」は伊勢を示す枕詞。伊勢は海に面しており、現在では津市の山間部に日本最大級の出力を誇る風力発電所があるほど、地理的にも風が吹き抜けやすい地形にある。とはいえ、「神風の伊勢」とは言い得て妙だと思ったのもその時であった。

「神風の伊勢」といえば、まず思い出すのが『日本書紀』垂仁《すいにん》天皇二十六年三月の条の、「是《こ》の神風《かむかぜ》の伊勢国《いせのくに》は、常世《とこよ》の浪《なみ》の重浪《しきなみ》帰《よ》する国なり。傍国《かたくに》の可怜《うま》し国なり。是の国に居《お》らんと欲《おも》ふ」という御託宣にて、天照大神《あまてらすおおかみ》が伊勢の地に鎮まったという記述だ。神道では「風」を司る神は級長津彦命《しなつひこのみこと》。『古事記』では志那都比古命と表記され、伊邪那岐命《いざなぎのみこと》・伊邪那美命《いざなみのみこと》の神生みの際に生まれた神とされている。

かたや『日本書紀』では、神代上四神出生章第六の一書にて、「乃《すなわ》ち吹き撥《はら》ふ気《いき》、神と化為《な》る。号《みな》を級長戸辺命《しなとべのみこと》と曰《もう》す。亦《また》は級長津彦命と曰す。是《これ》、風神《かぜのかみ》なり」と誕生の次第が記されており、伊弉諾尊《いざなぎのみこと》の吹く息にて化成した神であると記されている。級長津彦命の「し」は風や息の意、「な」は長で、風や息吹を神格化したものと考えられている。一般的には「比古／彦」が男神を表すとされていることから、伊勢神宮では級長津彦命と級長戸辺命の両神で男女一対の神とも考えられているが（阪本廣太郎『神宮祭祀概説』）、書紀文中の表示法から異名の同一神という見方もある。

また、能の演目の一つである「龍田《たつた》」でも知られる龍田大社（奈良県生駒郡三郷町）では、風の神として天御柱命《あめのみはしらのみこと》と国御柱命《くにのみはしらのみこと》を祀《まつ》る。同社は『延喜式』神名上の大和国平群郡に、「龍田坐天御柱国御柱神社二座（並名神大、月次、新嘗）」とあり、天御柱命と国御柱命の名は、天と地を貫くように吹く竜巻を柱に見立てた神名と考えられている。

同社では、奈良時代に律令制のもとで規定された「神祇令《じんぎりょう》」に、四月と七月に農作物が悪風や洪水に遭わないように祈願する五穀豊穣《ほうじょう》の祭祀《さいし》である「風神祭《かぜのかみのまつり》」が斎行され、平安時代になると『延喜式』四時祭上に「大忌《おおいみ》・風神祭、並四月・七月四日」とある。奈良県の廣瀬大社にて同様の趣旨で斎行される「大忌祭」とともに、神祇令の時代からある天候に関わる重要な祭祀だ。天御柱命は、この風神祭での祝詞の中で比古神《ひこがみ》という記載が別にあるため男神で、国御柱命は同じく比売神《ひめがみ》とあるためで女神とする見方がある（粕谷興紀著『延喜式祝詞』和泉書院）。

また、國學院大學教授であった御巫清勇氏（故人）は、天御柱命と国御柱命を、「とりわけ荒天の神、暴風神的な神性があり、志那都比古神《しなつひこのかみ》・志那都比売神《しなつひめのかみ》とは別の神であろう」と指摘しており、級長津彦命、級長戸辺命とは別神とする説を提唱している（『延喜式祝詞教本』神社新報社）。

『延喜式祝詞』には、罪穢《つみけが》れを祓《はら》うために奏上する「六月晦大祓《みなづきのつごもりのおおはらえ》」の祝詞もあるが、ここに「科戸《しなど》の風の天の八重雲を吹き放つ事の如く、朝《あした》の御霧《みぎり》・夕べの御霧を朝風・夕風の吹き掃《はら》ふ事の如く……」という一文が登場する。この文言は、風の吹き起こる所から吹く風が、天の幾重にも重なっている雲を吹き飛ばすように、また朝の霧や夕方の霧を朝風や夕風が吹き飛ばしてしまうが如く、全ての罪や穢れはないだろうというくらいに風が吹き飛ばして払ってしまうという意である。

❋ 風なくして大気は動かない

伊勢神宮には、豊受大神宮（外宮）の宮域内にある風宮《かぜのみや》、皇大神宮（内宮）の宮域内にある風日祈宮《かざひのみのみや》に、級長津彦命・級長戸辺命が祀られている。風宮、風日祈宮ともに農業に深い関係のある風と雨の順調を祈る社《やしろ》として人々の信仰を集めている。神宮では風雨の災害なく五穀豊穣であるようにと、祈願する風日祈祭が五月十四日と八月四日の両日、外宮では午前五時、内宮では午前九時から斎行され、別宮以下でも行われる。

伊勢神宮の内宮には、正宮に次ぐ別宮として風日祈宮が鎮座している。古くは風神社と称し、鎌倉時代、蒙古（もうこ）襲来の際にはその神風によって国難を救ったとされている。

五月の風日祈祭では菅《すげ》でつくった蓑笠《みのかさ》が供えられる。古くは風日祈祭を専門に奉仕する「日祈内人《ひのみのうちんど》」という職員や、蓑笠を献《まつ》る「御笠縫内人《みかさぬいのうちんど》」という専属の職員もいたほどで、神宮においても重要な祭祀であったことがうかがえる。神宮禰宜《ねぎ》を務めた櫻井勝之進氏は、御笠神事とも呼ばれる五月の風日祈祭は、祖型を宮中や神祇官などの中央に求め難い祭祀だと説いている（『伊勢神宮の祖型と展開』国書刊行会）。同じく神宮禰宜を務めた矢野憲一氏によれば、風日祈祭では、かつては祝詞に「雨甘く、風和《やわらか》にして」「五風十雨」と記されていたというが、現在では「悪風荒《あしきかぜあらき》水《みず》に相わせ給《たま》わず」という語が記されているという（『伊勢神宮――知られざる杜のうち』、角川選書）。なお、夏の風日祈祭では蓑笠は供えられず、幣帛《へいはく》のみが供えられる。

ちなみに、風日祈宮に行く際には木造の橋を渡るが、この橋の南端の欄干には宇治橋より古い銘のある擬宝珠《ぎぼし》がある。「太神宮風宮　五十鈴川御橋　明応七年戊午　本願観阿弥　敬白」というもので、神宮に残されている金石文の中では三番目に古いものだ。ちなみに明応七（一四九八）年は大地震があった年である。宇治橋にある擬宝珠の銘は元和五（一六一八）年であるから、百二十年も古い擬宝珠である。

春から夏にかけて吹く東よりの風を「東風《こち》」、南風を「はえ」や「まじ」と呼ぶなど、風には地域や時期によってさまざまな名前が付けられるが、神社にちなむ風の名前をいくつか紹介しておこう。

例えば、愛知県稲沢市の尾張大國霊《おわりおおくにたま》神社では、毎年旧暦一月十三日に「はだか祭」の名称で著名な「儺追《なおい》神事」が行われるが、この頃に当地に吹く風のことを「儺追風《なおいかぜ》」と呼ぶ。

次いで、夏の土用の半ば過ぎに吹く北東の風を「御祭《ござい》」もしくは「御祭風《ごさいかぜ》」という。これはかつて旧暦六月十六・十七日に行われていた伊勢神宮の月次祭の時期(現在は新暦六月十五・十六日)に約一週間程度、北東の風が吹くとされることから名付けられたものだ。

また、旧暦十月頃に吹く西風を「神渡《かみわた》し」あるいは「神立風《かみたつかぜ》」と呼ぶ。「神立」とは、夕立やにわか雨のこととしても使われるが、「神渡し」の風は十月に出雲大社に集まる神々を渡し送る風という意味で、伊豆や鳥羽地方の漁業関係者の航海用語が語源とされる。「御祭風」「神渡し」とも俳句の季語ともなっているので、ご存じの方もいるかもしれない。

さらに、風は気候地名の一つとしても語られることがある。気候地名の分類には、①局地気候を反映した地名②気候変動の指標となる地名③祭礼や神社と結びつく地名④季節変化の指標となる地名、という四通りに大別することができるという。気候学者の吉野正敏氏によれば、中でも③の祭礼や神社と結びつく気候地名として、前述の風宮や風祭はもとより、霜の宮、雨降山、阿夫利山《あふりさん》などを挙げ、これらは強風や霜害、干ばつを防ぐ、あるいは雨乞いなどの民俗行事と結びついた地名として紹介している(吉野正敏著『風の世界』、東京大学出版会)。「風」にちなむものではないが、阿夫利山(神奈川県の大

雨にけむる大山阿夫利神社（神奈川・伊勢原市）。別名「あめふり山」とも呼ばれ、2200年以上前から雨乞いや五穀豊穣を祈る人々の篤（あつ）い信仰を集めてきた。

山）のように「あふり」の語は雨降りともつながることから、雨乞いの神と関わりのある名称も気候地名としては興味深い。私の個人的な感慨かもしれないが、雲にけむる大山に登ると中腹に鎮座する大山阿夫利神社下社の境内は「あふり山」の名にふさわしい何とも趣のある味わい深い光景だ。なお、他にも関東では東京都の武蔵《むさし》御嶽《みたけ》神社や群馬県の榛名神社にも雨乞いの信仰がある。

「気候の黒子」ともいわれる風は、雨を運ぶことでも明らかなように、熱と水の運び屋である。風なくして大気は動かない。また、

「風土」「風を読む」という言葉があるように、我が国では自然環境とそれに関する文化、あるいは社会の時流をも示す語である。風に関わるさまざまな名称、地名、あるいは神名などに見られるように、近年の地球規模での気候変動や環境破壊の問題を考える際には、ぜひ、風や雨にちなんで日本の神々が人々の暮らしの中で共生してきた姿にも、思いを馳《は》せてほしい。

第二十三章

古来、災禍を祓う

❖各地の銘菓に見る神道の心

◉「非時の香菓」の伝説と菓子の祖神

節分も過ぎると、次は五節供《ごせっく》の二番目「上巳《じょうし》の節供」、つまり三月三日の雛《ひな》祭りの季節を迎える。この雛祭りには、古い形式の一つとして、旧暦三月三日に紙を人のかたちに切った「形代《かたしろ》」に身の穢《けが》れを託し、川や海に流すという「流しびな」の風習がある。現在も鳥取県東部の旧八頭郡用瀬町（現・鳥取市）にて、藁《わら》を丸く編んだ「桟俵《さんだわら》」に男女一対の紙雛を乗せて、千代川へと流す民俗行事として継承されており、その原型は平安時代にまでさかのぼる。こうした人形に身の穢れを託して流すという事象は、神社神道では六月三十日、十二月三十一日に半年ごとの罪や穢れを祓《はら》うために斎行する「大《おお》祓《はらえ》」行事にも通ずる。また、五節供の日に神を迎え、供え物を捧げて災禍を祓うことは、古くから宮中の行事に取り入れられており、『源氏物語』や『枕草子』にもそうした記述をうかがうことができる。

雛祭りといえば、「草餅の節供」という言葉もあるように、雛壇に飾りつけられる雅《みやび》な雛人形はもとより、草餅（蓬餅《よもぎもち》）や菱餅、ひなあられなど餅や菓子がつきものだ。雛節供の菓子や餅は地方によりさまざまな種類があり、関東のポン菓子に対して関西の丸いあられは著名だが、岩手県の「花饅頭《はなまんじゅう》」や福島県の「いらご餅」をはじめ、前出の鳥取県東部ではおこしに近い形の「おいり」、九州北部に多い「ふつ餅」など地方色豊かな餅や饅頭も多い。

私がこの季節に雛人形を見て、ふと思い出すのが菓子の祖神として知られる「田道間《たぢま》守命《もりのみこと》」だ（『古事記』では多遅摩毛理《たぢまもり》と記される）。田道間守命は、但馬国（現在の兵庫県北部）の開拓の祖である天日槍命《あめのひぼこのみこと》の子孫。『日本書紀』巻第六には、第十一代の垂仁天皇の九十年春二月庚子朔の条に、天皇の命を受けて、食べると長生きができると伝わる「非時《ときじく》の香菓《かくのみ》（箇倶能未《かくのみ》）」を求めて常世国《とこよのくに》へと遣わされたという、いわゆる「田道間守」伝説が記されている。

田道間守命が遠い海を越え、十年の歳月を経て常世国から持ち帰った非時の香菓は、

用瀬町の伝統行事「流しびな」は昭和六十（一九八五）年に、鳥取県の無形民俗文化財に指定された（写真提供・PIXTA）。

『和名抄』には「橘《たちばな》［和名　太知波奈《たちばな》］」とあり、同様の伝承が記されている『古事記』にも「是《これ》今橘也《いまのたちばななり》」と記されている。常緑の橘の木には、永遠に栄えるという意味があり、この木になる小さな蜜柑《みかん》や橙《だいだい》のような実を古代の人々は賞玩していたという。神話では常世国から来たという橘は、我が国固有の柑橘《かんきつ》で、現在も京都御所の紫宸殿《ししんでん》の階下に「右近の橘」として植えられていることでも著名だ。

　この伝説には続きがある。田道間守命がはるか彼方《かなた》の地からこの非時の香菓を持ち帰る一年前に、垂仁天皇は崩御。その一年後に非時の香菓を携えて帰ってきた田道間守命は、一部を皇太后に献上したものの、天皇への復命がかなわず、悲嘆の中で残りの果実を天皇の陵《みささぎ》に詣でて捧げ、「臣《やつかれ》が生きているといっても何の益《しるし》があろう」と号泣して、自ら命を絶ってしまった。その後、田道間守命の墓は垂仁天皇陵《りょう》の濠《ほり》の中に陪塚《ばいづか》として建てられた。菓子のように甘い話ではなく、なんとも物悲しい伝説である。

さて、話を菓子の話へと戻そう。我が国では、樹木になる実や果実を古代から「古能《こ の》実《み》」や「久多毛能《くだもの》」と称しており、「菓子」の「菓」は、漢字の元の意味では「果」で木の上に実がなる様子を示している。「子」にも木の実の意味があり、果実や種のことを表す意もあるため、その点から見ても「菓子」は「果子」と同一の意味を持っていた。それゆえ、果物を常世国から持ち帰った田道間守命が菓子の祖神、柑橘類の祖神として知られるようになったと考えられている。

田道間守命は「田道間」の名にも見られるように、生誕の地が旧但馬国、現在の兵庫県豊岡市と伝えられており、古代の豪族・三宅氏の祖とされている。そのため生誕地の豊岡市三宅に鎮座する中嶋神社の御祭神として祀《まつ》られているほか、京都府の吉田神社境内の菓祖神社、和歌山県の橘本《きつもと》神社、佐賀県の伊萬里《いまり》神社などにも祀られている。特に、田道間守命が持ち帰った橘を最初に植えたのが橘本神社にほど近い「六本樹《ろっぽんじゅ》の丘」と伝えられており、この地がみかん発祥の地とされる。同社では毎年四月に、全国百社以上の菓子業者によって、各地の銘菓が奉納される「菓子祭（全国銘菓奉献祭）」も斎行されており、秋には「蜜柑祭り」もある。

✺ 多彩な郷土菓子にまつわる縁起

菓子といっても、饅頭には別の祖神がいるのが神社信仰の多様性を示す一例だ。奈良市の漢國《かんごう》神社には「林神社」という境内社がある。この神社に祀られる御祭神は、我が国で最初に饅頭を作ったとされる林浄因《りんじょういん》だ。林浄因は宋の文人林逋《りんぽ》（和靖《なせい》）の末裔《まつえい》で、室町時代前期に建仁寺（京都府）の龍山禅師が宋から日本に帰国する際、弟子となって禅師と共に来日して、奈良に居住した。その後、浄因が中国風の饅頭を日本人好みの味に変え、山芋と小麦粉の皮で餡《あん》を包んだ薯蕷《じょうよ》饅頭を日本で初めて製造したところ、寺院に集う人々の間で評判となった。

後に浄因の子孫は京都へと移住し、「塩瀬」という屋号にて宮中や足利将軍家にも出入りするようになったことで商売は軌道に乗り、近世になると江戸にも出店した。その塩瀬の饅頭ののれんは、現在の東京都中央区明石町にある「塩瀬総本家」へと受け継がれている。

また、漢國神社境内には林浄因が結婚した際に、子孫繁栄を願って紅白饅頭を埋めたとされる場所に「饅頭塚」という塚があるほか、浄因の命日である四月十九日に饅頭や

日本唯一の饅頭の神社である林神社では、毎年４月 19 日に「饅頭祭」が行われ、菓業繁栄を祈願して全国からたくさんの銘菓が献上される。

菓子に関係する業者が全国から参集して「饅頭祭」なる祭礼が行われており、参拝者にも饅頭が授与される。

林神社は饅頭の祖神として知られているが、隣県の滋賀県には餅の祖神として知られる小野神社がある。同社の御祭神は、天足彦国押人命《あめたらしひこくにおしひとのみこと》と米餅搗《たがねつきの》大使主命《おおおみのみこと》。遣隋使として中国へと渡航した小野妹子はこの地の出身といわれていて、同社は小野一族の祖神を祀る。米餅搗大使主命は天足彦国押人命の子孫で、応神天皇の御代に初めて餅を作って献上し、「米餅搗《たがねつき》」の姓を賜ったと伝えられている。

同社では毎年十一月二日に、蒸す、茹《ゆ》でるという火を使う行為を一切せず、粉餅で「餅の原型」ともいわれる「粢《しとぎ》」を藁に詰めて神前に供えて五穀豊穣《ほうじょう》を祈念する「祭」が斎行される。餅の祖神としても知られるだけあって、同社には石の鏡餅が建立されており、狛犬とともに大きな鏡餅が社前を守護しているのも興味深い。

饅頭のみならず、菓子の一つには飴《あめ》もあるが、都内には生姜《しょうが》飴を境内で頂戴《ちょうだい》できる神社がある。港区の芝大神宮だ。増上寺の近隣に鎮座し、「芝の神明さま」とも呼ばれる同宮では、例年九月十一日から二十一日にかけて斎行される「太良太良まつり（だらだら祭り）」と呼ばれる祭りが著名だ。

この祭りの折には、境内や参道で生姜が盛んに売られるため、別名を「生姜祭」ともいう。社務所にて御朱印を依頼すると、併せて生姜飴を頂くことができる。境内の鳥居横には「生姜塚」という塚が建立されている。神社が鎮座する以前から、周辺の畑では生姜が多く栽培されており、この塚はその生姜を神前にお供えされていたことにちなむものだ。古くから薬効があ

芝大神宮の境内に建立されている生姜塚。

るとされる生姜は「穢悪《えお》を去り神明に通ず」と言い伝えられてきたこともあって、長寿を願う縁起物の一つでもあった。それゆえ、現在でも同宮では、毎月一日に神前にお供えされた「御膳生姜」が厄除けの縁起物として参詣者に頒賜《はんし》されている。

生姜飴もよいが、寒い時期には温かい生姜湯が冷えた身体には染みわたる。芝大神宮の生姜飴や生姜湯のみならず、神社にゆかりある種々の餅や菓子など食べ物の縁起にふと、あやかりたくなるのが日本人の性《さが》である。社寺の参道にある〝銘菓の乙な味〟を楽しむのもよいが、年中行事の中に神社とも関わりの深い和菓子や郷土菓子が数多くあるので、こうした菓子の一つ一つに目を向け、その由来を知りながら食してみてはいかがだろうか。日本文化の豊かさと奥深さだけでなく、菓子からうかがい知ることのできる神々との共生の姿をぜひ再認識してほしいと思う。

終章

人々と共に歩み続ける神社

❖共生の思想の素晴らしさに気づく

日本で有名な〝くぐりスポット〟

あくまで私の勝手な所感だが、日本人はどうも「くぐる」ことが好きなようだ。民俗的な風習か、はたまた迷信的なものと考えるか否かはさておき、奈良県の東大寺大仏殿の柱の穴などは、観光客や修学旅行の児童・生徒が訪れる有名な〝くぐりスポット〟と言える。同じく観光客で賑《にぎ》わう京都府の伏見稲荷大社の境内にある「千本鳥居」も、近年では著名なくぐりスポットとなっている。先日も同社を訪れた際には、千本鳥居の中をくぐり抜けながら、SNSにアップロードするであろう〝映《ば》え写真〟をスマートフォンで撮影する若い着物姿の女性や、親子連れで溢《あふ》れていたのには驚いた次第である。

船津胎内樹型の内部。富士山麓一帯の胎内樹型の中でも最大級で、江戸時代、富士講の信者はまず胎内巡りを済ませてから富士山を登拝したと伝えられている。

「くぐる」といえば、真っ暗な洞穴の中を人の内臓になぞらえて進む「御胎内巡り」もくぐりスポットの一つだ。山梨県富士吉田市の北口本宮冨士浅間神社は、富士山の吉田登山口の起点となる地に鎮座する神社で、富士講の信仰拠点の一つとして古くから信仰を集めてきた社《やしろ》である。同社から登山道一合目の近くには「船津胎内樹型」（富士河口湖町）と「吉田胎内樹型」（富士吉田市）と呼ばれる洞穴がある。両者ともかつての富士山の大噴火で流れ出た溶岩により形成された洞穴である。

「胎内樹型」とは、火山の噴火によって溶岩が流れた際に周囲の樹木を取り込み、その樹木が高熱で燃焼することで内部が空洞化し、その空洞となった洞穴が人体の内部に似た形状となることから付けられた名称だ。「船津胎内樹型」は、江戸初期に富士講の開祖として知られる長谷川角行が発見したとされる。角行により木花開耶姫命《このはなさくやひめのみこと》（浅間大神）が祀《まつ》られた後、角行の弟子によって寛文年間に社殿が建立・復祀されたのが無《む》戸《つ》室浅間《むろせんげん》神社（船津胎内神社）の創祀《そうし》である。吉田胎内樹型についても同様に、明治二十五（一八九二）年に富士講の信者が発見し、巡礼地となったもので、両樹型はともに国の天然記念物に指定されている。吉田胎内樹型にも木花開耶姫命が祀られており、年に一度、吉田胎内祭が斎行されるものの、洞穴内部は非公開となっている。両者とも平成二十五（二〇一三）年六月にユネスコの世界文化遺産「富士山―信仰の対象と芸術の源泉」の構成遺産として登録されている。

　このような胎内樹型の洞穴の中をくぐり抜ける行為は、私にも体験があり、ちょっとした異世界体験であった。船津・吉田の両樹型はともに富士山登山道の吉田口に近接していることから、多くの富士講信者によって霊地として重視され、富士山登拝の前日に信者がこれらの「御胎内」を訪れ、洞穴内を巡って登拝前の身体を清めたと伝わる。

　なお、富士山の御殿場口にも同様に富士山の噴火の際の溶岩によってできた洞穴がある（国指定天然記念物「印野《いんの》の溶岩隧道《ずいどう》」）。この洞穴の中にも大山祇命《おおやまづみのみこと》や木花開耶姫命を祀った祠《ほこら》などがあり、山梨県側と同様に「御胎内巡り」が行われていることでも知られている。洞穴に隣接する形で胎内神社も鎮座しており、安産祈願の参詣も多い。

❋「通過儀礼」という概念

「御胎内巡り」のように、洞穴内を延々と「くぐる」ものではないが、神社境内に入る際にくぐるものに鳥居がある。神社の鳥居は、先に述べた伏見稲荷大社の境内にある千本鳥居のように、境内の中にトンネルのように何基もの鳥居が奉納もしくは建立されている場合もあるが、大半の神社では境内に数基建立されている。中でも第一鳥居と呼ばれる鳥居は、聖域とされる神社の境内と俗界とを区切る境界の入り口にあたる場所にある。

神社神道の作法では、鳥居の前で「揖《ゆう》」と呼ばれる浅い一礼をしてから鳥居をくぐる。そして、聖域の中心である拝殿や本殿へと向かって境内を進み、拝殿前において神前に向かって二拝二拍手一拝の作法で拝礼する。この鳥居をくぐり拝礼に至るまでの神道の儀礼作法を、フランスの文化人類学者A・ファン・ヘネップ（ジェネップとも）の唱えた「通過儀礼」の概念に当てはめて考えると実に興味深い。

諸民族の儀礼研究の上で共通する文化的概念として「通過儀礼」の概念を提唱したヘネップは、門や敷居、峠などの境界を越える際にも、さまざまな儀礼や儀式が行われると指摘する（ヘネップ著／綾部恒雄・裕子訳『通過儀礼』弘文堂）。このヘネップの考え方からすれば、神社の鳥居や寺の山門をくぐる行為も「通過儀礼」の一部となる。出産によって子供が胎内から世に出《い》でて産湯につかる行為やお食い初めなど、誕生にかかる一連の行事も通過儀礼の一つである。その意味では、先に述べた「御胎内巡り」も通過儀礼の疑似体験とも言えるだろう。

伏見稲荷大社の千本鳥居。願いごとが「通り入る」「通った」という御礼の意味を込め、参道全体に約一万基もの鳥居が奉献されている。

ヘネップは「通過儀礼」を「分離」の儀礼、「過渡」の状態、「統合」の儀礼という三つの段階（状態・行為）に分類する。「分離」の儀礼は、年齢・身分・状態・場所などの変化や移行に伴い、これまでの位置から分離して次のステージに移るためのもの。「過渡」の状態は、分離と統合の中間の境界線上にある状態のことで、「統合」の儀礼は新たなステージへと移ったことを示すための儀礼を指すとされる。

儀礼研究におけるこの概念は、現在でも人生儀礼や宗教儀礼を理解する上で大変有用なものと考えられており、神社の鳥居をくぐり、拝殿前にて神拝作法で拝礼する行為もヘネップの理論に当てはめると、極めて簡便かつ物理的な進入の儀礼行為ではあっても「通過儀礼」の一つなのである。

❁ 神社はこれからも人々と共に

話は変わるが、先日訪れた神社の境内の中に見られるちょっとした共生の光景を紹介しておこう。多摩川沿いに鎮座する日枝神社（通称・丸子山王日枝神社、川崎市中原区上丸子山王町）は、大同四（八〇九）年に滋賀県大津市の日吉大社の御分霊を勧請して創建された丸子地域の総鎮守として崇敬されてきた社だ。

毎年二月上旬に行われる、天に向かって矢を放つ歩射祭《びしゃまつり》（通称・おびしゃ）は、現在、川崎市内で五社のみが斎行する祭で、同社の祭が最も古式を残したものとして知られる。境内入り口には、平成二十九（二〇一七）年に建立された真っ赤な山王鳥居（日吉鳥居・合掌鳥居とも）がそびえ立つ。山王鳥居とは、鳥居の中でも最もポピュラーな形式の一つである明神鳥居の笠木《かさぎ》の上に合掌状の扠首《さす》（鳥頭《とっとう》とも）と呼ばれる三角形の構造物を載せたもの。仏教思想の影響を受けたとされる鳥居だ。

この鳥居は、日吉大社と日枝神社（東京都千代田区）および、その勧請社に多く見られる鳥居だが、日枝神社＝山王鳥居というわけではない。この日枝神社でも参道入り口の山王鳥居の奥には、明神鳥居系の山王鳥居とは全く別系統の神明鳥居が建立されており、双方が二重に立ち並ぶ光景を見ることができる。

加えて、境内奥の稲荷社前には明神鳥居もある。

また、日枝神社の神使は猿であるため、境内には石の狛猿《こまざる》が対で建立されているが、狛猿の少し奥には狛犬《こまいぬ》も一対建立されており、稲荷社前には狛狐《こまぎつね》もいる。つまり、鳥居にせよ、狛犬にせよ、一社にて数種類が建立されているのは、多様なものを許容する神社神道ならではの光景で、多様な工作物の様式が境内に共生することがあるのも神道の魅力の一つである。

同社に残された古文書には、戦国大名の北条氏直によって多摩川の相次ぐ水害による対岸の

山王鳥居は主に全国の日吉大社、日枝神社に見られる鳥居で、合掌鳥居とも呼ばれている。

村との境界紛争を裁定する印判状が現存している。加えて、境内には、明和・安永期（一七六四～一七八一年）に中原街道沿いの道に地元上丸子村の野村文左衛門が私財を投じて八百八橋と呼ばれる千本の橋を架けたと伝わる石橋の遺構の一部も保存されている。これら地域の歴史をうかがい知る古文書や遺構が同社に残存していることは、決して著名な大社や社格の高い神社ではなくとも長年にわたって人々と共に歩み続けてきた地域所在の神社の共生のあり様の一端を示すものである。

本書では、我が国の長い歴史のなかで紡がれてきた神道、あるいは神社のなかには様々な考え方や事柄を受け入れ、うまく包み込んできた共生の姿を紹介してきた。しかし、各章で取り上げた事柄は、そのほんの一部分に過ぎない。これからも現代社会のなかで神社や神道に息づく様々な共生の形を追い続け、機会があるたびに広く紹介していこうと思う。

個々の地域のなかで社会的な役割を果たしながら、神社が鎮座する地域全体の平安と、参詣する人々のそれぞれの幸せを希求する素朴な心を、神々へとつなぐ場として、これからも神社が尊び敬い続けられることを心から乞い願う次第である。

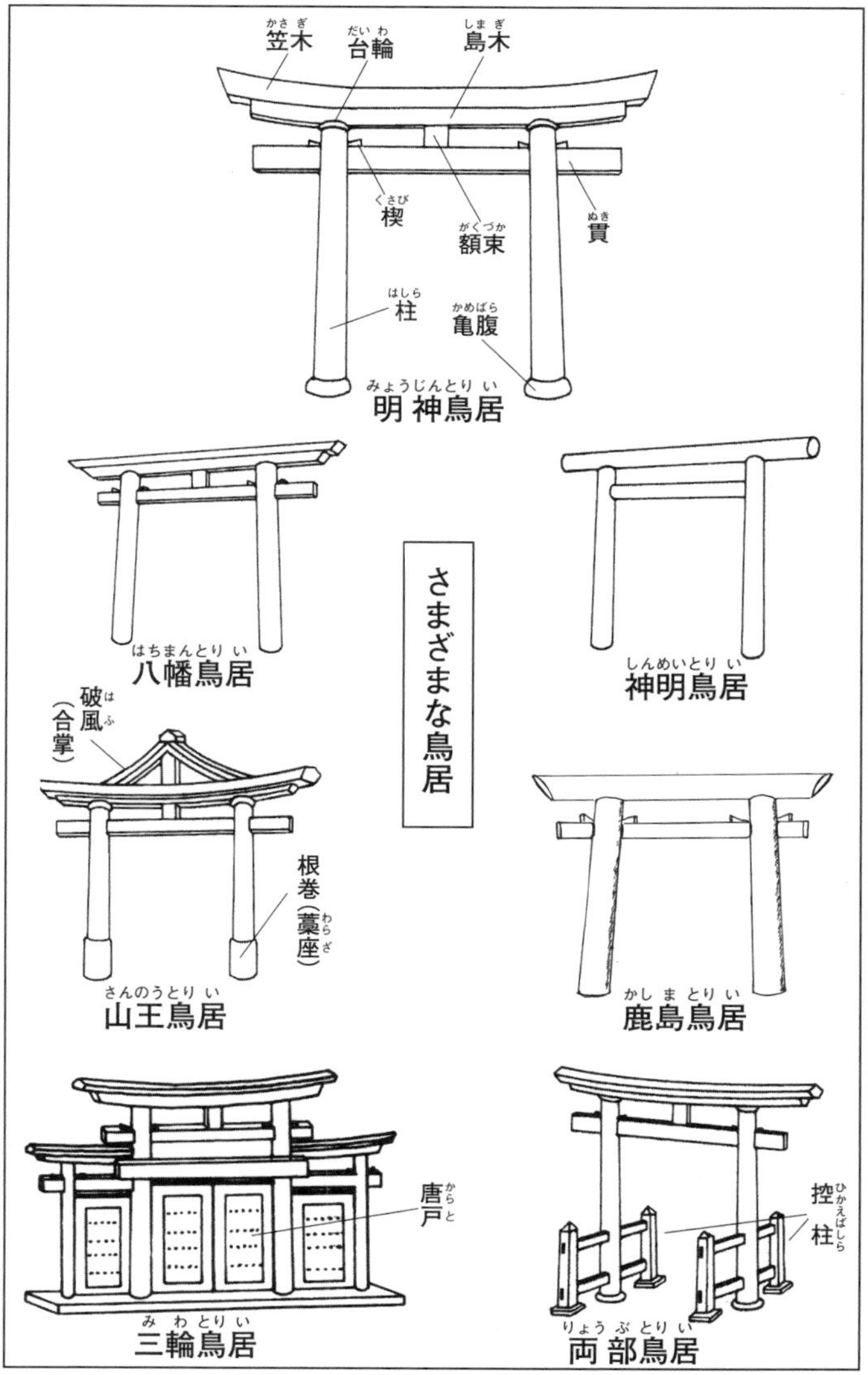
さまざまな鳥居
笠木《かさぎ》
台輪《だいわ》
島木《しまぎ》
楔《くさび》
額束《がくづか》
貫《ぬき》
柱《はしら》
亀腹《かめばら》
明神鳥居《みょうじんとりい》
八幡鳥居《はちまんとりい》
神明鳥居《しんめいとりい》
破風《はふ》
(合掌)
根巻
(藁座《わらざ》)
山王鳥居《さんのうとりい》
鹿島鳥居《かしまとりい》
唐戸《からと》
控柱《ひかえばしら》
三輪鳥居《みわとりい》
両部鳥居《りょうぶとりい》

付録1

Q&A　神道の基礎知識

神道の開祖（発生）は？

神道は、日本固有の宗教であり、古代から現代に至るまで日本人の社会生活、文化的生活の一部、基底にあるものとして発展してきた。加えて仏教伝来以降、儒教や陰陽道など外来からの思想や宗教からも影響を受けてきたこともあって、神道というものを定義し、これを述べることは容易ではない。それゆえ、もともと他の宗教のような考え方で捉えることが難しく、後述する神道教派として発達したものを除いては、一般的に宗教として考えられる要素である開祖や教祖がいるわけでもなく、確固たる教義や教典もない。

神道には大まかなものではあるが、神社を中心として古代から発展してきた神社神道、江戸時代から国学や復古神道の影響を受けながら、神社神道を中心とする神道の儀礼の実践や考え方などの影響を受け創唱的な色彩を持って発達した神道教派と富士山や御嶽山などの山岳信仰を基盤として発達した神道教派（いわゆる教派神道）という両者からなる教派神道、水神や道祖神、地神などの祭りといった民俗的な習俗、慣習や人生儀礼、年中行事からなる民俗神道などに分類される。また、皇室にて斎行されている宮中祭祀（皇室祭祀）も神道形式であるため、分類の上で皇室神道（宮廷神道）と称されることがある。

日本固有の信仰である神道の起源は、仏教やキリスト教のように外来から日本に流入した宗教ではないため、この日本の国土に我々の祖先が社会生活を営み始めた頃に芽生えたと考えられている。縄文文化を経て弥生文化へと移行していくなかで水田耕作（稲）の伝播と農耕社会が発展することで、自然の事物や祖先を神々として敬い、海や山、川、田畑に至るまで豊かな実りを願って四季折々の祭祀が行われるようになり、素朴な信仰生活として培われてきたと考えられている。

そのような信仰生活が人々に自覚され、個々の地域に住む人々によって社殿が建てられて神を祀り、敬うようになったのは、飛鳥時代の仏教伝来以降である。日本では、神社において神を祭るということは、神を祭る集団（氏子集団）があって、はじめて神を奉斎し、神社が設けられるのである。この点は神社を中心として発達してきた神道（神社神道）が、他の伝道宗教、創唱宗教と大きく異なる点である。勿論、一部には神社が建立されて、その後に人々が祭祀する集団ができあがるという事例もあるが、大半の神社においては、本質的に個々の地域において神を祭るための氏子集団が形成され、個々の人々の結び付きが密接となるなかで、その地域において精神的な中心となす神を祀るようになる。それが日本の場合、神社である。キリスト教であれば教会があって信徒が成り立つが、神社の場合は全く逆で氏子や崇敬者があって神社が形成されるということである。

神とはどんな存在？

神道において「神」がどんな存在かを考えることは、日本に外来の宗教が伝わる以前から信じられてきた「神」の存在を考えることでもある。その点でまさに日本神話のなかにおいて説かれている神々が、まさに日本の神々、日本人が考えてきた神のあり方の一つともいえる。八百万《やおよろず》の神々とも称されるように、神道は唯一の神を信じる一神教ではなく、多くの神々から成り立つ多神教である。「高天原」と呼ばれる天上の世界に坐していると考えられている「天つ神（天神）」と、この国土の様々な事物に坐していると考えられている国つ神（地祇）を含め、数多くの神々が日本神話には登場する。

神道の神は、亡くなった人を神として祀ることもあるものの、基本的に神の姿を見ることができない。仏像やキリスト像のように明確な姿を見ながら拝するものではない。だからこそ神道は面白く、神々の姿が見えないからこそ、その神の姿や気配、神の意思を求めて多様な思想や祭祀が発達してきた。

このような理由もあり、日本の神々、つまり神道における神の存在については、なかなか理解がしにくい。そこで、参考となるものの一つとして日本の古代神話によって「神」を語る場合に必ずといって引用される、江戸時代中期の国学者本居宣長《もとおりのりなが》の『古事記伝』に記された神についての一文を記しておきたい。

…さて凡《すべ》て迦微《かみ》とは、古　御典《いにしえのふみ》等に見えたる天地の諸の神たちを始めて、其を祀れる社に坐す御霊《みたま》をも申し、又人はされにも云《いは》ず、鳥獣木草のたぐひ海山など、其餘《そのほか》何にまれ、尋常《よのつね》ならずすぐれたる徳《こと》のありて、可畏《かしこ》き物を迦微とは云なり。すぐれたるとは、尊きこと善きこと、功《いさお》しきことなどの、優れたるのみを云に非ず、悪《あし》きもの奇《あや》しきものなども、よにすぐれて可畏きをば、神と云なり。（『古事記伝』三之巻）

この宣長が説いた「迦微（神）」は、「尋常ならずすぐれたる徳のありて、可畏き物」という語で記されるように、端的にいえば、人智では理解できないものとその働きを「迦微」という語で言い表している。また、その神威や稜威は、人間にとって常に都合のよい関係で発動されるとは限らない、それゆえに恐れ多く謹むべきものとも考えている。また、尊卑善悪もあり、神のプラスの面だけを見ているわけではない。マイナスの面も捉えて見ているのが日本の神の特徴である。

宣長の説いたこうした神の定義について、國學院大學の学長であった宗教学者の上田賢治（故人）は、「これ以上の定義を成すことは不可能だと考えられてきた」（『神道神学』神社新報社）と述べたが、まさに全知全能ではない日本の神を語る上での難しさは、そのような点にあるともいえよう。

もう一点は、江戸中期の儒学者で神道家の若林強斎が説いた、自然と神との関係である。強斎の記した『神道大意』の一部を引用してみよう。

…おそれある御事なれども、神道のあらましを申奉らば、水をひとつ汲といふとも、水には水の神霊がましますゆへ、あれあそこに水の神罔象女《みづはのめ》様が御座被成て、あだおろそかにならぬ事と思ひ、火をひとつ燈すといふても、あれあそこに火の神軻遇突智《かぐつち》様が御座なさるゆへ、大事のこととおもひ、わづかに木一本用ゆるも、句句廼馳《くくのち》様が御座成もの、草一本でも草野姫《かやのひめ》様が御座なさるゝものと、何に付角に付、触るゝ処まじはる処、あれあそこに在しますと、戴き奉り崇めたてまつりて、やれ大事とおそれつゝしむが神道にて、かういふなりが即常住の功夫《くふう》となりたるもの也

若林強斎は、まさに生活にとって必要な水の恵みに対して、感謝の念を持つということ、さらに火や木、草など自然界のさまざまな恵みに対しても大切なものとして感謝の念を持って崇め奉ること、それが神道であり「常住の功夫」であると説明している。ここで示されている神は、まさにあらゆる自然の事物を神として崇める「八百万の神々」である、としている。しかしながら、神道では、自然の様々な事物を神と仰ぐが、その自然の事物はなんでもかんでも、神であるというわけでなく、私たちの社会生活のなかで具体的に感得されるような事物を神として仰いできた。それこそが日本人の神観念であり、神道の特徴の一つでもある。我が国の先人たちは、自然のさまざまな働きに神々の存在を認め、感謝と畏敬の念を抱きつつ自然のなかで共生してきた。つまり、人も自然のなかの一員、一体のものであると考えて、自然の様々な事物に対して感謝と畏敬の念を持って社会生活を営んできたのである。

加えて人々の崇敬や、神々に対しての祭りというものがなければ、神とはいえず、人々からの崇敬、恐れ畏む心があればこそ、神は尊いものであるという考え方もある（『神道集』巻第九「北野天神事」）。これらのことを併せて鑑みると、皇學館大学の理事長も務めた宗教学者の岡田重精の言を借りれば（岡田重精『日本のカミ（神）』）、日本の「神」は基本的にマナイズム（超自然的呪力な信仰）的・アニミズム（人間や動植物、無生物など、すべてのものに霊魂が認められると仮定する信仰）的な性能を帯びており、とくにアニマティズム的な観念が主導することがみられる。単純化して表現するとすれば、「日本の風土に根差した民族的・生命的な霊能で、人知を超えてこの国に鎮まっている実在」的なものが日本の神、神道の神であるといえよう。

神道における霊魂《みたま》の存在は？

前述したように神道では、自然のさまざまな事物を神として考え、その神に御霊《みたま》（御魂、御霊）とその霊威の存在を認めて、畏敬と感謝の念を抱いてきた。当然、自然と共生し、自然と一体のものと考えてきた人（人間）の生命も霊魂とは無関係には考えられない。これらの霊魂を我が国では古代から「たま（みたま）」もしくは「たましい」とも称してきた。

例えば、『古事記』や『日本書紀』、『風土記』など日本神話に登場する神名などをみても、宇迦之《うかの》御魂神《みたまのかみ》や宇都志国魂神《うつしくにたまのかみ》、大国魂神《おおくにたまのかみ》など神のそのものにも、「たま」の語が付されていることもある。

加えて「霊」・「魂」は、「むすひ＝産霊」とも訓まれることがあり、『延喜式』巻八、祝詞八の新年祭の条には、「神魂・高御魂、生魂、足魂、玉留魂」として登場する。神魂は、神皇産霊神、高御魂は高皇産霊神のことであるため、事物を生み出す働きを示す「産霊」の語が神の名に取り入れられているということでもある。

「たま」という語の原義は、いまだ明らかではない部分も多いが、日本では一般に神秘的な性質をもったものとされ、神道ではこの「たま」の存在と、威力、霊力といった働きを大切にしている。また、この「たま（魂）」は、人格的な霊魂や精霊などであると同時にその功徳をたたえ、霊力や威力のあるものとしても考えられてきた。

とくに神の「みたま」の霊力や威力を日本人は「恩頼」（みたまのふゆ）と呼び、大事にしてきた。とくに古代の人々は、霊魂が外からきて人の体内に宿るものと考えており、宿ることにより、その人に力や性格を与えるものと考えてきた。それゆえ、霊魂を励起させたり、その力を発揮させる「鎮《たま》魂《しずめ》」や「魂振《たまふり》」が大事であると考えてきた。

日本では、古くから神の霊魂（神魂）の働き、機能を分類して①和魂、②荒魂、③幸魂、④奇魂の四種と考えてきたが、この四種の神魂は相対的に並列しているわけではない。

①の和魂は、霊魂のおだやかな働きを指すもので、②の荒魂は、①の逆に霊魂が最初に顕われた状態であり、鎮め祀られることによって和魂となると考えられ、同一の霊魂の両側面として解釈されている。③と④は「幸」も「奇」も共に美称であり、語義的な面からは、③も④も①の系列に属するも

のであると考えられている。③の幸魂は、狩猟や漁猟における幸をもたらす霊魂の働き、④の奇魂は、超自然的な力によって人々に奇瑞をもたらす霊魂の働きのこととされ、とくに病気を治したり、健康をもたらすといった医療にかかわる作用も示すとされている。

神社においては、同じ御祭神の神霊であっても、例えば、天照大神《あまてらすおおみかみ》であれば、『日本書紀』に記載のあるように、神功皇后が三韓征伐から凱旋した際に武庫の浜辺にて天照大神の荒魂を祀らせよとの神託から鎮祭した兵庫県西宮市の廣田神社のような例もある。伊勢の神宮の内宮（皇大神宮）では、御正宮に天照坐皇大御神《あまてらしますすめおおみかみ》（天照大神／天照大御神）が祀られている一方で、別宮の荒祭宮には天照坐皇大御神の荒魂が祀られている。また、底筒之男命《そこつつのおのみこと》、中筒之男命《なかつつのおのみこと》、上筒之男命《うわつつのおのみこと》（住吉三神）は同様に『日本書紀』に下関の住吉神社に荒魂が祀られ、大阪の住吉大社には三神の和魂が祀られている。そのため、明らかに和魂と荒魂と分けて祀ったというような社も見られる。これ以外にも、それぞれの地域の土地を守る御霊とされる「国魂」といった考え方もあり、神道における霊魂、御霊の考え方はなかなか難しい。

「ご神体」とは何？

神道では、神霊（御霊・霊魂）が依りつく神聖な物体のことをご神体と呼ぶ。神体は御形《みかた》、霊代《みたましろ》（御霊代とも書く）ともいう。霊代の形式は様々で祭祀の形式や祭神の由緒、性質によって異なっている。

日本の神は、神の姿は見えない。そのため元来偶像を必要としない。祭祀の際に神が示現されても姿は見えず、御神木と呼ばれる樹木や、樹木の枝をめぐらした柴垣、あるいは神籬《ひもろぎ》や玉串、さらには磐座・磐境と呼ばれるような巨岩などの自然の事物、あるいは神社の祭神にゆかりのある何らかの人工物などに依りつくとされる。その神が依り憑いた依代を御神体と呼ぶ。例えば、奈良県桜井市の大《おお》神《みわ》神社では、三輪山そのものをご神体としているが、神が鎮まるとされる本殿がなく、拝殿からご神体とされる三輪山を拝するのは、神社の古態を残したものとして紹介されることがある。

神社の祭祀によっても異なるが、ご神体には、先に述べた樹木や巨岩のほか、御幣（幣串）、榊、あるいは神宝の性質を持つ玉、剣、鏡、鉾、さらには鉾を修飾した山鉾などが挙げられる。あるいは祭具などもご神体たる性質を帯びる場合もある。また、人を神として祀るような場合には、祭神に縁のある物品が神体となることがある。

なお、奈良時代から江戸時代末までの神仏習合の時代には、神社でも仏教の仏像礼拝の風習に影響されて、神像とよばれる彫刻や絵画が発達し、神社にご神体的なものとして奉納された時期もあるが、神像には仏像のような座形や手の指の印などの細かな決まりなどはなく、日本古来の服装（神像が作成されたと思われる当時の貴人の服装）をし、笏を持ったり拱手《きょうしゅ》するものが多い。それぞれの神の由緒に基づく部分や時代性もみられるが、神像は仏像と比較して極めて自由な像、おおらかな形式であることが特色である。

「死」と死後の世界をどう考えるか？

「死」とは、この世に生きる人々にとっては誰もが逃れられない。父や母、祖父や祖母、兄弟姉妹などの肉親や親戚、あるいは学校の友人や職場の同僚、お世話になった恩師らとの永遠の別離が事実、真理として突き付けられることでもある。

神道は創唱宗教ではないため、その死生観については、いわゆる教典のなかに記されるわけでもなく、あるいは教祖の教えや言葉があるわけでない。それゆえにとくに江戸時代には国学者や儒学者らによって多様に論じられてきた面がある。また、神道では、高天原に黄泉国、根の国といった現世とは異なる他界も神話のなかに登場するが、天国や極楽浄土といった来世を積極的に説いているわけではない。むしろ、今の「この世」にこそ価値を認めているのである。その点で厭離穢土《おんりえど》、欣求浄土《ごんぐじょうど》といった仏教の世界観とは全く異なるのである。

とくに「産霊《むすひ》」と呼ばれる物事の生成と発展を掌る神霊に対する信仰と日本固有の祖先祭祀、祖霊観との間で神道の死生観は育まれてきた。

江戸時代前期に伊勢神宮の豊受大神宮（外宮）祠官であった中西直方の「死道百首」の歌の一つにも「日の本に生まれ出でにし益人は　神より出でて神に入るなり」とあるように、神道では、生も死も御神意であって、この世に生まれた私たちは祖先の神々から生れ出でたものであるから、結局は死によってその祖先の神々のもとへと帰っていくものと考えられてきた。一方で、神霊の坐《いま》す処と人の死後に霊魂が留まる処とを即座に直結させてよいかといえばそうではなく、日本の民俗信仰、祖霊観の上では、死者の霊は、祖霊棚もしくは仏壇などにとどまり、墓地にも安らうものであると考えられている。この死者の霊が浄化されて祖霊となると、山または現世に鎮まり、招きを受けて子孫のもとへと訪ね、我々を守護すると考えられてきた。

また、江戸時代中期に『古事記伝』を記した国学者の本居宣長は、いわゆる「死後の『安心』なきが『安心』」を説いたことでも知られる（『鈴屋答問録』十二「神道の安心」、十三「老子の自然」所収）。宣長は、「死」は誰でも迎えるものであり、だからこそ今のこの時にでき得る限り精一杯のことをして生きるのが大切であるとした。また、そうすれば少しも死への心配はしなくてもよいと説く。また、人間にとって「死」ほど、悲しい事は無いが、宣長の考えでは、仏教や儒教で説かれるような「極楽浄土」の世界は、人間によって作り出されたものであって、真実のものではないとも説いている。ゆえに宣長は、「死」に対してはそのまま直面することこそが、「神道」的な生き方だとしている。つまり、死を迎えるにあたってどうよりよく生きるか、より一生懸命に生きるかを大切にしている面が、神道の死に対する考え方には強く表れているといえよう。

人は「神」になれる？

神道では、来世については積極的に説かないと述べたが、神道の考え方では人は亡くなると「神」

として祀られる。そもそも古来死後の御霊は故郷の野山、自然に返り、盆や命日には家に帰って子孫の営む祭りを受けられると考えられてきた。それゆえ、神道では人は死後、五十日祭を過ぎ、忌明けとなると、その御霊は個々の家の祖霊へと合祀がなされて、祖霊となり、家の守護神となって子孫を守護すると考えられている。そのために神葬を行う家では、祖先の御霊を祀る御霊舎《みたまや》（祖霊舎）がある。御霊舎は天照大神や氏神の神札などを祀る神棚とは異なり、仏教でいうところの仏壇にあたるものである。

奈良時代以降、仏教の伝来によって葬祭のことは主として仏教僧侶の手に委ねられるようになり、その後、江戸時代には儒者によって儒葬の流入もあったが、幕府は寺請制度のもとに庶民を統制していたため、葬儀は僧侶が担うものとなっていた。時代が下り、幕末になると諸国の一部の神職が神葬を請願して、幕府の許可を得て斎行されるようになっていくものの、わずかな地域であった。そうした経緯もあって明治維新に入ってからようやく、一般庶民に至るまで神葬が許されるようになったのである。その後も教導職制度との兼ね合いや制度そのものの廃絶にて、神葬については制度の改変に翻弄されたこともあり、一部の神官神職については神葬を奉仕することができないなど、戦前期まで神葬は受難の時代であった。

神道では、仏教でいうところの位牌にあたるものが霊璽《れいじ》である。この霊璽は、形は位牌とやや異なる形状にて御霊舎のなかに置いて祀る。霊璽には、仏教でいう戒名の尊号にあたる霊号（神霊号とも）が書かれている。この霊号は現在、神社本庁包括下の神社では、①何某霊、②何某之御霊、③何某霊位、④何某霊神、⑤何某命、⑥何某霊璽、などの霊号を用いており、この他に⑦何某神霊、⑧何某命之霊、⑨何某命之霊位、⑩何某命之霊璽などの記載例もある。墓碑銘に「何某命之墓」などとあるのは、こうした霊号に基づくものである。なお、霊号には身分や老幼を区別する称名《たたえな》があり、男性であれば、「何某大人《うし》」あるいは「何某老翁《おきな》」、「何某比古《ひこ》」、女性の場合は主に「何某刀自《とじ》」あるいは「何某大刀自（もしくは媼［おうな］）」、「何某比売《ひめ》」などが用いられている。幼少で亡くなった場合は男性であれば「童男」「若子」、女性であれば「童女」、「少女」、青年期に亡くなった場合には「郎子」「郎女」などが用いられる。例えば、前出の本居宣長であれば、「秋津彦美豆桜根大人《あきづひこみづさくらねのうし》」、平田篤胤であれば「神霊能真柱大人《かむたまのみはしらのうし》」といった諡名《おくりな》が付けられている。

なお、神葬の形式および神葬祭、祖霊舎での祭りについては、全国で地域差が非常に大きく、標準的なものとしてなかなか述べられないことも多い。ゆえにこのような霊号に限らないが、称名のおおよその規準として考えられていることのみを記しておいた。

聖典はあるの？

神道には、他の一般の宗教に見られるような聖典、いわゆる教典にあたるものはない。ただし、日本神話に見られる日本の神々の事績について知ることは可能だ。日本の神々について知りたいのであれば、『古事記』や『日本書紀』に記された「記紀神話」を読むのが一番手っ取り早い。また、『古事記』や『日本書紀』には載っていない神話もあり、奈良時代に朝廷が国内の各国に命じて編纂させた地理地誌書である『風土記』や同じく奈良時代に編纂された日本初の和歌集である『万葉集』、平安時代に編纂された『古語拾遺』などにもそうした神々の事績があるため、それらの書を読むのも一つの手である。とくに『風土記』には、『古事記』や『日本書紀』に登場する神々の異伝承があり、個々の土地の地名に因む話や、神とされる山などが擬人化、動物に変じたりして説話となっているものもある。個々の地域の歴史や地誌、民俗伝承を考える上でも興味深いものが沢山含まれている。

しかし『古事記』や『日本書紀』には、神々の事績、歴代天皇の事績が載せられているが、他の宗教に見られるような神からの「教え」が具体的に説かれているわけではない。また、『古事記』の本文にて最初に登場する天之御中主神《あめのみなかぬしのかみ》や少彦名神《すくなひこなのかみ》のように、登場してもすぐに隠れてしまうような神もいる。さらには個々の地域の神社によっては、記紀神話に登場しないような神名や、先に述べたように地域や人々のために自らの身を賭して救うなどし、後世に残るような大きな功績を残した郷土の偉人を神として神社に祀っている場合もある。

日本の神々や神社について記された古典を読むことで、そこに記されている神々の事績や神社の由緒をもとに、ぜひ、今の私たちの生き方のヒントを摑みとって欲しいと思う。

唱える言葉は？

我が国最古の和歌集である『万葉集』に「言霊《ことだま》の幸《さき》はう国」と詠まれるように、我が国は「言霊」の力を信じ、これを大事にする言霊信仰を持つ国である。日本人は古くから「言霊」が、神や人の心を動かすものとして考えてきた。『万葉集』に登載された和歌にもこの語が多くみられ、自覚的に用いられていたことが明らかである。現代でも語呂合わせなどで験を担ぐ信仰がみられるが、その点でも「言霊」は古代から続く日本文化の特徴の一つでもある。神道では、言葉に内包された霊力を大事にするがゆえに、言葉を発することによってその霊力が発揮されると考えており、神職が諸種の祈願や感謝、奉告のために神々に奏上する「祝詞」は、まさに言霊の力を用いて人々の思いを神へと伝えるためのものであるといえる。

その一方で古代の日本人は、その「言霊」の威力が強く、その言葉の響きや言葉が伝わる怖さを重視してきた。ゆえに軽々に不吉な語句、縁起の悪い言葉を用いて話すようなことをすべきではないとも考えてきた。つまり「言霊の幸はう国」だけに、安易に「言挙げ」をすべきではない（言挙げしない）ということも大切にしてきたのである。こうした言葉に対しての考え方として、古くは『延喜式』に記載があるように、伊勢神宮において神職が祭りに奉仕する際に、病や死など一部の語を「忌詞《いみことば》」とし、その言葉と反対の語を代用語として言い換える事例が挙げられる。

神道では、神社に詣でた際や日々の神棚への祀りにて、「二拝二拍手一拝」という形で神に拝礼する。人々が拝礼する際の形式には、一応の形式があるものの、仏教の宗派の一部のように、「南無阿弥陀仏」や「南無妙法蓮華経」などといったような決まった言葉を神の前で唱えなければならないといったような決まりはない。「神拝詞《しんぱいし》」という、神社本庁包括下の神社の神職や、神社役員や総代向けに作成されている薄い折り畳み式の安価の小冊子もあるが、この「神拝詞」は神への唱え言葉として強制されるものではない。また、全ての氏子や総代に配布、提供されるものでもなく、一般的に広く知られているものでもない。つまり「神拝詞」がすべての神社で一般化しているものでもなく、強制されるものでもないわけで、これを持参して神社で唱えている氏子崇敬者を見るということもほぼ無いのである。

ただ、この「神拝詞」は神社の神職の養成においては役立つ冊子で「神拝詞」には、六月・十二月の末に神社で行われる大祓行事の際に奏上される「大祓詞《おおはらえのことば》」が掲載されているため、普通に奏上すれば、七分半ほどかかる大祓詞を奏上し、覚えるためには便利な代物である。加えて、普段の神社で行われるお祓い（修祓）の際に神職が奏上する「祓詞」も掲載されているほか、祓詞を略した「略祓詞《りゃくはらえのことば》」、個々の神社に参拝した際にお参りしたことを定型句的に神々に申し上げたいという場合に用いる「神社拝詞」、自らの祖先の霊を祭る祖霊舎が自宅にある場合に奏上する「祖霊拝詞」、神社や神棚をお参りする際に拝する略式の詞である「略拝詞」が掲載されている。ただし、修祓《しゅばつ》と呼ばれる祭儀の際には神職が「祓詞」を奏するが、神職以外がこれを必ず奏しなければならないというものではないため、これら諸種の拝詞を一般の人々が奏上することはほとんどない。

なお、神社においては、日供祭《にっくさい》など日常的に行われる祭典や祈禱、あるいは神社職員で行う朝拝や夕拝などの際に祓詞や大祓詞を奏上しているため、神社に参詣する日時や時間帯によっては、そうした光景に出会うことはあるだろう。

神職とはどんな存在？

神道では、神を祀る（祭る）者は、特別な誰かに限定されるわけではない。すべての者が神を祀ることができる。

その一方で現在、神社にて聖職者として奉仕する「神職」は、神職になるために仏教のような授戒の儀式、キリスト教のような洗礼の儀式があるわけではないが、明治以降、制度的に一定の資格や要件を有する者に限定されたこともあって、神社の祭りにおいて、特別な立場に置かれて日々の神社祭祀に奉仕している。

神職は聖職者として、また神社本庁の包括下の宗教法人となっている神社においては宮司が代表役員という法人の世俗的な面で責任ある立場として、聖俗の双方に立って祭りそのものを主催している。神社の祭祀においては、本殿の御扉《みとびら》を開いたり、神饌を供えるなど、神の至近にて奉仕することも多く、祭りにおける特殊な務めを果たしていることも多い。ときには粥占《かゆうら》など祭祀行事がある神社では、祭祀を通じて神意を代理し、その結果を神の判断だとして示すような場合もある。

しかしながら、神職だけが神祭りをするわけではない。神社においても宮座や頭屋（当屋）など歴史的にも氏子区域に住む住民らが祭りにて特定の役割、務めを果たすような場合や専門的奉仕者の神職そのものが少ない神社では、地域住民が輪番で祭礼の一部の奉仕を務めるケースもあり、神職以外の人が交替で一年神主、一日神主のような神勤奉仕をする神社もみられる。神霊が奉遷された神輿を担ぎ氏子区域を練り歩くことも同様であり、その点では祭礼では氏子の誰もが「祭り人」となり得る。

また、神職は「神と人との仲執り持ち」とも呼ばれる。この言葉からしてもまさに神職が神と人との間を仲介しているわけだが、その場合、仲介されている者（氏子の側）は神を祭らない、祭りを放棄しているのではなく、神職を通じて（氏子の側が）むしろ神祭りを仲介されているのである。

祭りを神職のみの仕事と考えるのではなく、むしろ神職が祭りの特殊な側面、一部を務めていることを認識することも祭りでは大事な点である。氏子や総代、崇敬者は、祭りの際に神社の社殿内にて装束を着て奉仕しなくとも、米や野菜などの供え物を奉献したり、祭典費用の一部を支出したり、神輿を担いだり、太鼓を叩いたり、装束や甲冑などを着て祭礼行列に加わるなどの祭礼へ参加を通じて神祭りの一部を担っているのである。また、神祭りは神社の祭礼の時のみならず、日々の神棚祭祀や厄払いなどの人生儀礼なども含め、日常生活の中にもある。そのような神祭りの様々な場面に気づくことも大事なことである。

戒律はある?

江戸時代に伊勢神道の中興に力を尽くした出口延佳《でぐちのぶよし》は「神道は日用の中にあり」と説いた。つまり、神道は日々の暮らしの中にある生き方や考え方の一つひとつにある真理が大事とされている。その点では、「戒律」というものを信者が信仰生活において守るべき規律・規則と考えるのであれば、神道には、例えばイスラム教圏においてイスラム教徒が豚肉を食べないことや、女性がスカーフを著けて頭髪や顔の一部を覆うこと、ひと月にわたって行われるラマダンなどといった、日常生活のなかで、規律的なものを一般の人々に課することはほとんどない。

神社の場合、戒律ではないが、神祭りに奉仕する場合は、祓などをして心身を清めることと、凶事罪穢などに触れないように慎むこと=「忌み(斎み)」が大事とされている。

あるいは、家族や親類など身近な人の死に際したとき、つまり「喪中」の間、神棚などへの日々の神祭り(祭祀・祭礼)については、家族など身近な人の逝去=死に接した際に、いわゆる「喪に服する(服喪/服忌)」ために神祭りを一部制限することがある。神道では清浄を重んじており、死穢に接することを嫌うためである。この喪に服する期間については、一般的には死者の霊魂の落ち着きを得る忌明けまでの期間とされ、個々の地域に従前からある慣習に倣えばよい。一般的には「忌(喪に服している期間=喪中・忌中)」が明けるまでの一定の期間(おおよそ五十日前後)は、神社にお参りを避けることや、神棚に半紙などの白い紙を貼って毎日の神棚の祭りを中止したりするといったことが挙げられる。祭礼の折に氏子のなかで神輿を担ぐ人々が、家族のなかに不幸（逝去）があって喪に服している間は、神輿を担がないといったような慣習などがあることは、その例の一つである。なお、神社で奉仕する神職が喪に服さなければいけない場合、神社本庁包括下の神社の神職の場合は別途、規程にて服忌の日数が定められている。

戒律というようなものではないが、先に述べた罪穢に関する観念との関係で、神職については祭祀に奉仕する際に、若干のタブー（禁忌）的なものが一部求められることがある。これを一般的に物忌みと称したり、「斎戒」などとも称する。

神職は仏教の僧侶とは異なり、普段から袈裟（法衣）を著け、頭を剃るなどといった世俗との関わりを絶つための「出家」という行為を行うことはない。つまり、神の前にてお仕えする際には、白衣や袴、烏帽子や狩衣などの着物を著けて奉仕することはあるが、普段は神職も世俗の中に揉まれながら生活している。そのため、神に仕え、祭りを滞りなく務め、地域の人々が安泰にて吉事があるようにと祈るためにも、祭りの前には、世俗とは若干の距離、期間を置いて、祭りの完遂のために心身を清め、精神を集中しなければならない。それがいわゆる「物忌み」、「斎戒」「斎《いわ》う（祝う）」という行為である。神に仕える者は、普段より神道で大切とされる「浄（清）明正直」といった徳目を大切にしているが、祭祀の際にさらに深くに重んじられている。神を迎え、神の近くにて奉仕するには、心身を清浄な状態に保っておかねばならないからである。そのため、神社において祭祀を行う前には必ず、穢を祓う、「修祓」と呼ばれる祓の行事が行われた後に祭祀が開始されるのである。

そのために、大祭や中祭と呼ばれる大規模な祭祀の場合は、神社の中に泊まり込んだりする「参籠《さんろう》」と呼ばれる、いわゆる「お籠《こも》り」を行うことがある。潔斎をして心身を清めて、衣服を改め、居室を普段とは別にして、過度の飲食を慎み、思念、言語、動作を正しくして、汚穢や不浄に触れないようにする。また、神職がその神社に祀られているご祭神との関係において、ご祭神の使い（神使）である動物などを食すること（例えば、静岡県の三嶋大社であれば、三嶋神の使いであるウナギを祭りの前には食することを控えるといったようなこと）といった食の禁忌が一部の社で見られることがある。その点で神職については祭礼への奉仕にあたって通常の生活とは異なるさまざまな制約がみられる。

祭りが終わると、祭りに参列した皆で神々に供えたものを戴く「直会《なおらい》」を行い、神々の神威を戴くとともに、これまで慎んできた「斎戒」の状態を解いてゆく「解斎《げさい》」が行われ、平常時の生活に戻ってゆく。拝殿へ昇殿して御祈禱などを受けた際にお神酒《みき》を戴くのは、まさにこの「直会」が簡略化されたものである。

信仰の心得はあるの？／「罪・穢れ」と「祓」について

神道は、「浄（清）・明・正・直」という徳目を大事にしている。「浄明正直」の語は、光仁天皇即位の際の宣命（宝亀元年十月一日）に「浄《きよ》き明《あか》き心、正しき直き言を以て」と見えるが、天武天皇十四年春一月に爵位の名を改めて階級を増加した際に「明、浄、正、直、勤、務、追、進」の各位のなかにその名が見える。また、文武天皇即位の宣命にも「明き浄き直き誠の心」とある。こうした古代の天皇の宣命などに見えるように、この徳目が指し示すことは、日本の神々が清浄な状態にあること、正直であることを一番尊び、これらを喜びたまうことということである。清浄な状態にならなければ、なかなか神様は御心をお降しにはならない。神々の御心に叶い、私たちの心が神と通うためには、清浄な状態にならなければならないというものであり、それゆえ、神道では「清浄」であることを重んじている。

その「清浄」である状態を作り出すためには、神道では「祓《はらへ》」の行事を大事にし、これを繰り返し行う。神道の祭りにおいては、まさに不可欠なものが「祓」である。神社の祭祀の前には必ず、「修《しゅ》祓《ばつ》」と呼ばれる祓の行事を行う。神の御前に立つときには清浄でなければならないからである。神を祭る際には、その場を清浄にし、供えるもの、奉仕する人に至るまですべてのものが清らかな状態でなければならないというのが基本的な考え方である。そのために祓を行うのである。祓を行うことによって清らかなる状態がもたらされて、神々の御蔭を頂戴することができると考えている。また、一度で終わりというわけではなく、祭りが行われる都度、繰り返し祓うことが大事とされている。

人々が神から戴いた生命は、そもそもは穢のない、清らかなるもの（浄）の状態にある。しかし、実際は複雑な現代社会に生きていれば、大小に限らず、また意識するとしないとにかかわらず、いろいろな罪や穢が付いてしまう。だからこそ、人々の本性が鏡のように曇りなきものに立ち返るというように、それらを祓い落とし、取り去ることが大事であると考えている。とくに神前に立つ際にはその都度、罪や穢を祓い落としておかねばならないとされる。例えば、一般の人々にあっても、神社に参拝する際には、手水を使い、手を洗い口を漱《すす》ぐ。これもまさに「祓」の一種である。なお、神職の場合、ときには「禊《みそぎ》」と呼ばれる川や海、湖などに浸かり、心身を清めるような行事を行うこともある。

神道では「鏡」をご神体とするほど、大事なものとしているが、思想的にみれば、鏡は油断すると錆《さ》びたり曇ったりするが、たえず磨くことを怠らなければ常に清らかな状態を保持し、ありのままの姿を明らかに映し出すという性質を持つ。その点で鏡はまさに「浄」と「明」とが一体になったものである。そして清らかな鏡はそこにあるものをすべてありのままに映し出す。その点でも鏡は神道の論理の象徴のようなものでもある。

「正直」は日本人の道徳的生活、道徳観念の根本ともいうべき徳目の一つであるが、神道の上では、南北朝時代の伊勢神道の書に「神は正直をもって先とし、正直は清浄をもって本となす」（度会家行《わたらいいえゆき》『神道簡要』）という言葉もあるように、日々の神祭りに「清浄」とともに「正直」が大切であることを窺い知ることができる。江戸期の儒学者である藤原惺窩《ふじわらせいか》は「神道には正直をもつはらとして萬民をあはれむを極意とするなり。上一人正直なれば、下萬民すくなるものなり」と述べており、まつりごとの要諦が正直にあることを指摘している。同じく江戸期の垂加神道の山崎闇斎《やまざきあんさい》も「神垂は祈禱をもって先となし、冥加は正直をもって本となす」（『垂加社語』）と説き、神を求める心は真心を込めた祈りがまず以て一番であり、神の御加護は心を正直にすることが根本であるとしたが、正直であること、清浄であることはまさに神道にとって大事な考え方の一つであるといえよう。

皇學館大学の学長を務めた神道学者の谷省吾は、この徳目としての「正直」を、祓の倫理化であるとも説いている。絶えず祓によって、罪穢のない原点の清浄の状態に立ちかえり、本来の活力を回復する「いのちのよみがえり」にあたるのが「祓」とも説いている（『物を見る目』）。

神道の信仰の心得というほどのものではないかもしれないが、日本の神々に接する上での考え方の一つとして、まさに「清く明るく直き正しき真心」を持つことは大事なことであり、人が活力を持ち、生き生きと日々の暮らしを過ごしていく上でも大切にしなければならないことであるといえよう。

付録2

主な神社信仰について

伊勢《いせ》信仰（神明信仰）

伊勢信仰は、三重県伊勢市に鎮座する伊勢神宮（正式名称は神宮）を中心として、御厨《みくりや》と呼ばれる同神宮の神領地や、中世以降活躍した御師《おんし》などの活動によって発展した信仰である。東日本をはじめ全国各地にあった御厨には、天照大神を祀る神明社、神明宮と呼ばれる社が設けられたことから神明信仰と呼ぶこともある。全国各地に鎮座する神明社や神明宮、伊勢社などと呼称する社は、新潟、富山、愛知、岐阜などに多く鎮座していることが明らかとなっているほか、東京ではもともとは神明社の名称であったが、明治維新後に政府が主導した大教宣布運動との兼ね合いから天祖神社と改称した社も多い。

伊勢神宮は、皇室の祖先神として知られる天照大神を祀る皇大神宮（内宮）と天照大神の御饌都神《みけつがみ》として祀られる豊受大神が鎮座する豊受大神宮（外宮）があり、別宮、摂社、末社、所管社と呼ばれる社を含めて百二十五社の総称である。『古事記』、『日本書紀』にも記されている通り、天照大神から皇孫の瓊瓊杵尊《ににぎのみこと》に授けられた八咫鏡《やたのかがみ》を祀ることから、皇室とのゆかりが極めて深い宮であることはいうまでもなく、参詣者の多さ、神社の規模なども含めて日本の神社を象徴する社である。

中世以降、全国各地に伊勢信仰を広めた御師の活動によって「御祓大麻《おはらいたいま》」と呼ばれる神札が頒布され、江戸期にかけて「おかげまいり」と呼ばれる伊勢神宮への参詣が流行した。この御祓大麻は制度的には全く別物であるが、現在、神社を通じて全国に頒布されている「神宮大麻」の原型ともいうべき神札である。

なお、神宮では約千三百年前の天武天皇の御代から内宮、外宮をはじめ、社殿を二十年ごとに建て替える式年遷宮が続けられており、この式年遷宮の年にあわせて、参宮者数が増加する。式年遷宮は内宮、外宮のご正宮などの建物の建て替えのみならず、鏡や剣や鉾などの御神宝や神々がお召しになる御装束なども新たに作製され、新たな御殿へと奉献される。そのため、日本文化の継承にも非常に大きな意義を持つ祭儀である。室町時代に戦乱にて一旦中断したものの、次回で六十三回目の式年遷宮が行われる予定である。

八幡信仰《はちまん》

八幡信仰は、稲荷信仰とともに全国各地にある神社のなかでとくに多く鎮座している社とされる八幡神社の信仰である。数え方にもよるが、神社境内の摂社、末社と呼ばれるような小社も含めると八万社ともされる全国の神社の三分の一が八幡を名乗る神社もしくは八幡神社の御祭神を祀っている社という説もあるほどである。この八幡神社の御祭神は、誉田別尊《ほんだわけのみこと》（第十五代応神天皇）で、あわせて息長帯姫命《おきながたらしひめのみこと》（神功皇后）と比売神が祀られているのが一般的な八幡神社の御祭神である。神功皇后は応神天皇の母である。

全国でも数の多い神社であるため、著名な社も多いが、その代表的な社には、八幡神社の起源である大分県の宇佐神宮（宇佐八幡宮）をはじめ、貞観二年に僧の行教が宇佐神宮から京都へと八幡大神を勧請し、以後朝廷へと八幡信仰が広く伝播する契機となった京都の石清水八幡宮、そしてその石清水八幡宮を源氏の氏神として崇敬していた源頼朝が鎌倉幕府の守護神として位置付けたことによって、東国における八幡信仰の中心拠点となった鎌倉の鶴岡八幡宮などが挙げられる。

全国に八幡信仰が広く拡大した理由としては、荘園制の発展によって石清水八幡宮の神領が各地に広がることで八幡神社が勧請されるようになったことや、永承元（一〇四六）年に源頼信が石清水八幡宮に願文を奉納して以降、源義家が同宮で元服して八幡太郎義家と名乗り、源氏の氏神として信仰されるようになったことなどが挙げられる。

八幡神は鎌倉幕府の成立以後、中世には坂東武者たちの守護神として崇められるようになり、幕府の御家人層や農村において疫病や災害を退ける神としても広く信仰されるようになった。また、神仏習合の関係から八幡神は「八幡大菩薩」としても尊崇され、社殿に僧形の神像が置かれたほか、放生会のように仏教の影響を強く受けた祭儀も行われていた。神仏習合の時代は、石清水八幡宮は石清水八幡宮護国寺、鶴岡八幡宮は鶴岡八幡宮寺とも称されて堂塔が建てられたほか、検校や別当による神社の管理、運営が明治維新まで続いていたが、維新後の神仏分離によって仏教色は廃され現在に至っている。

石清水八幡宮は、中世以降は朝廷が尊崇する二十二社と呼ばれる神社の一社とされたほか、伊勢神宮とともに二所宗廟と呼ばれるようになり、国家第二の宗廟として朝廷から尊崇されたことが知られる。

稲荷《いなり》信仰

「おいなりさん（お稲荷さん）」の名で親しまれている稲荷神社を崇める稲荷信仰は、八幡信仰の八幡神社や伊勢信仰の神明社などとともに全国の神社を代表する信仰である。稲荷社は、神社として各地に鎮座している以外にも農家や旧武家の屋敷など個々の邸宅内に屋敷神として祀られている事例も多い。このことからいわゆる屋敷神としての稲荷や路傍の小祠なども含めると、全国に三万五千社ほどの稲荷社が分祀・鎮座していると説く研究者（岡田米夫『神社』）もいるほどである。それほど一般の人々にとって稲荷は身近な神であるということでもあろう。

全国のお稲荷さんの総本社となっているのは、京都にある伏見稲荷大社である。同社の御祭神は宇《う》迦之御魂大神《かのみたまのおおかみ》（稲荷大神）と呼ばれる神で、五穀をはじめとするすべての食物や蚕糸のことを掌る神とされ、とくに稲の生産とその豊穣を守護する神として知られている。「稲荷」の名は「稲生り」、すなわち稲の実りを意味する。また、狐を神使とすることでも著名で、狛犬ならぬ狛狐は、玉や鍵や巻物、稲穂などを咥《くわ》えている場合もあり、何を狐が持っているかで金運や知恵など、それぞれ意味、御利益があるとされる。

中世以降、稲荷神が神仏習合との関係で仏教において招福除災、財富蓄積の神として知られる荼枳《だき》尼天《にてん》（吒枳尼天）と同じ神と考えられた関係で寺にも鎮守神として稲荷社が鎮座している場合がある。加えて愛知の豊川稲荷（妙厳寺）や岡山の最上稲荷（妙教寺）など、寺院にも稲荷を名乗るものがあり、「日本三大稲荷」と呼称される稲荷は、伏見稲荷大社以外の二つに、祐徳稲荷や笠間稲荷、竹駒稲荷など地域によって差があるが、先に述べた豊川稲荷や最上稲荷が含まれる場合があり、神社でなく寺院の稲荷を含めて三大稲荷とする場合がある。近世へと時代が下り、商工業が盛んとなると、稲荷神は農業神から商工業の繁昌をも守護する神へと神の性格、神徳が付加され、農村のみならず、江戸の大名屋敷や町家などにも稲荷神が勧請されるようになり、「伊勢屋、稲荷に…」と呼ばれるほどに、江戸市中には数多くの稲荷社が祀られた。

伏見稲荷大社の起源は、『山城国風土記』逸文の「伊奈利社」の伝承にみられる。この伝承によると、秦中家忌寸《はたのなかつやのいみき》らの遠祖である渡来人の秦公伊呂具《はたのきみいろぐ》が、ある時餅を的として矢を射ったところ、餅が白鳥となって羽ばたき、稲荷山の三ヶ峯の山上に止まり、そこに稲が生じた。不思議に思った伊呂具が山上に神社を建てて、これを「伊奈利社」と名付けたというもので、以後秦氏の一族が禰宜《ねぎ》・祝《はふり》となって祭祀を奉仕し、稲荷社の信仰が広まったと伝えられている。この創始の伝承を『二十二社註記』では元明天皇の和銅四年二月七日初午の日と記しており、伏見稲荷大社では現在でもこの日を同社の創祀の日としている。初め伊呂具が祀った社は山上で、稲荷の語から穀物神である宇迦之御魂大神を主祭神とし、佐田彦大神《さたひこのおおかみ》（猿田彦命）、大宮能売大神《おおみやのめのおおかみ》との三神と田中大神《たなかのおおかみ》と四大神《しのおおかみ》の五柱の神を指して稲荷大神としている。なお、境内には朱色の奉納鳥居が数多くあり、トンネル状の鳥居は千本鳥居とも呼ばれている。近年はインスタなどＳＮＳの映《ば》えスポットとしても著名である。

浅間信仰《せんげんしんこう》

浅間信仰は日本一高い富士山を神聖な山として仰ぎ祀る信仰であり、静岡県富士宮市の富士山本宮浅間大社を中心とする信仰である。同社は本殿のある富士宮市内の境内地のほか、世界文化遺産にも指定されている富士山の八合目以上を境内地の一部として所有しており、頂上には奥宮や久須志神社もある。同社がまさに富士山そのものを御神体としてお祀りする社である証でもあろう。

神社名として冠される「浅間」の名前は「せんげん」もしくは「あさま」と読む。双方の読み方での神社が静岡県、山梨県を中心に鎮座しており、旧駿河国一宮として知られる富士山本宮浅間大社と旧駿河国の総社の静岡浅間神社、山梨県側の登山口にあたる北口本宮浅間神社は「せんげん」、旧甲斐国の一宮として知られる浅間神社は「あさま」の読みがなされている。また静岡浅間神社は、神部神社・浅間神社（二社同殿）および大歳御祖神社の三社を総称しての通称である。

御祭神である木花咲耶姫命《このはなのさくやひめのみこと》は天照大神の孫、瓊瓊杵尊の妻となった神であり、山の神である大山祇神《おおやまつみのかみ》の娘とされる。木花咲耶姫命は五穀豊穰の農業神としての信仰のほか、商売繁盛や諸災消除の神として信仰されており、神話では木花咲耶姫命が燃え盛る火の中で海幸彦、山幸彦として知られる火照命《ほでりのみこと》、火遠理命《ほおりのみこと》を無事に生んだと伝えられているため、安産の神としての信仰もある。

浅間神社の本殿の多くは、規模の大小はあるが浅間造と呼ばれる二階建ての上下二層からなり、神社の建造物のなかでも特異な形式として知られる。

なお、山岳信仰としての富士信仰とのかかわりで、江戸期には富士講が発展し、江戸から庶民が浅間神社に詣でて富士登山がなされるようになり、江戸市中の神社にも富士登山ができない人々でも富士を身近に感じお参りできるようにと、富士山を模した「富士塚」が多く築かれ、人々の信仰の対象となった。現在でも東京都内には小野照崎神社の下谷坂本の富士塚をはじめ、江古田の富士塚、豊島長崎の富士塚、千駄ヶ谷の鳩森八幡宮の富士塚などが著名であり、境内に富士塚が築かれている社も多いので、富士山に登れなくとも疑似富士登山ができるスポットとしてぜひお参りして戴ければと思う。

住吉《すみよし》信仰

住吉信仰は、大阪市住吉区に鎮座する住吉大社を中心とする信仰で、兵庫県と大阪府を中心に瀬戸内海、日本海沿岸をはじめ全国の海岸線沿いに神社が多く分布する信仰である。同社は関西圏の人々から広く「すみよっさん」とも呼ばれており、人々に親しまれてきた関西きっての古社である。

住吉大社の御祭神は、『古事記』の伊邪那岐命の禊祓の段にて現れたとされる「墨江の三前の大神」と記される底筒男命《そこつつのおのみこと》、中筒男命《なかつつのおのみこと》、表筒男命《うわつつのおのみこと》の住吉三神（住吉大神）と呼ばれる海の神と、記紀の伝承にこの住吉三神の御神託と加護を受けて三韓征伐を果たしたとされる神功皇后（仲哀《ちゅうあい》天皇の后、応神天皇の母）である。

住吉大社は、奈良時代から平安時代にかけて国家的な事業として行われていた遣隋使や遣唐使の出発の際、同社に奉幣して航海の安全祈願がなされるなど難波津に面していた地勢から海上安全と漁業の神としての信仰が盛んであった。遣唐使は平安時代に廃止されるが、その後も江戸時代には菱垣廻《ひがきかい》船《せん》や樽廻船などによる海上航路の発達の関係から船頭衆や廻船問屋からの奉献がみられるようになり、境内に数多くの石灯籠が奉納されるなど海運関係者に篤く信仰されてきた。そのほか奈良時代に編纂された四千五百余首からなる和歌集である『万葉集』には、住吉大神が主に「大神」の語で詠まれていることから和歌・文学の神としても知られている。

住吉大社は、中世には朝廷から奉幣がなされる二十二社の一社として重要視されていたほか、同社以外に山口県下関市の住吉神社は、古伝承から住吉三神の荒魂を祀る社とされる。また、福岡県の住吉神社、長崎県の壱岐、対馬の住吉神社など、古社として知られる住吉神社もあり、「高砂」など能の演目の一部にも住吉の神が登場することで知られている。

出雲《いずも》信仰

出雲信仰は、島根県出雲市大社町に鎮座する出雲大社《おおやしろ》を中心とした信仰である。出雲大社は大国主大神（大国主神）を祀り、杵築大社とも称されたが、古代から「神宮」といえば、伊勢神宮のことを指し、「大社」といえば、出雲大社のことを指すとされていた。また、平安時代中期の『口遊《くちずさみ》』には「雲太《うんた》和《わ》二京三《にきょうさん》」とあるが、この「雲太」は出雲大社の本殿、和二は東大寺の大仏殿、京三は京都の大極殿を指し、当時の日本国内で最も大きい建造物を持つ社としても知られていた。その後幾度か建て替えられているものの、現在でも本殿は二十四メートルの高さ、大屋根は百八十坪という破格の大きさを誇る木造建築である。神社のある島根県をはじめ、中国地方に広く出雲信仰が分布しており、先に述べた社殿の巨大さや威容から、中国地方の神社の社殿形式にも一部影響を及ぼしている。このほか、とくに明治維新以降は、出雲国造《いずものくにのみやつこ》の称号と出雲大社の祭祀を管掌してきた出雲国造家《いずもこくそうけ》（千家・北島両家）から創始された教派神道としての出雲大社教や出雲教などの活動も発展した。

大国主大神《おおものぬしのおおかみ》は、『古事記』では、須佐之男命（『日本書紀』では素戔嗚尊と表記）の五世ないし六世の孫とされ、『日本書紀』では、素戔嗚尊の御子神とされている。大国主大神は、日本神話のなかで数多く登場する神であり、大己貴命《おおなむちのみこと》、八千戈神《やちほこのかみ》、顕国魂神《うつしくにたまのかみ》、大物主大神《おおものぬしのおおかみ》など異称が多数あるほか、神話のなかで大きな袋を背負ったその姿とともに「大国《だいこく》さん」としても知られており、七福神の大黒天と同神とも考えられ、福を呼ぶ神としても知られている。大国主大神は、天つ神と呼ばれる高天原の神々ではなく、「国つ神」と呼ばれる日本の国土にいる神々の代表的な存在であり、日本神話では、伊邪那岐《いざなぎ》伊邪那美《いざなみ》の二神が生んだこの国土を、少名彦神《すくなびこなのかみ》の協力も得て開拓し豊かな国土を築き上げたことから「国造りの神」として知られており、さらにはその国土を天照大神の子孫に譲られた国譲り伝承の際にも登場する神である。先に述べた出雲大社の本殿が巨大であることもその国譲り神話の際の逸話に由来するものである。

諏訪《すわ》信仰

諏訪信仰とは、長野県の諏訪湖の周囲にある諏訪市および茅野市、下諏訪町に鎮座する諏訪大社を中心とした信仰である。諏訪大社は上社と下社からなるが、上社は諏訪市にある本宮と茅野市にある前宮の二社、下社はともに下諏訪町にある春宮と秋宮からなる。本宮には建御名方神《たけみなかたのかみ》、前宮には妃神の八坂刀売神《やさかとめのかみ》、春宮と秋宮にはそれぞれ両神が御祭神として祀られており、諏訪地方の開拓の祖神、同地方の氏神としての性格以外にも狩猟神、農業神、武神として古くから信仰されてきた。建御名方神は、大国主神の子で出雲の国譲り神話において高天原からの使者である建御雷神《たけみかづちのかみ》（武甕槌神）に抵抗したものの、最終的には降伏して科野国《しなののくに》（信濃国）の洲羽海《すわのうみ》（諏訪）の地に鎮まった神である。諏訪神社は、『日本書紀』の持統天皇五（六九一）年八月に降雨の多い災難の際に使者を遣わして大和国の龍田の風神とともに諏訪の神を祭ったのが初見である。

諏訪神社は、愛知県以東の東日本に多く鎮座している特徴があり、とくに新潟県に多くの諏訪神社が鎮座する。また、地域によっては狩猟神としての性格から比較的海沿いの地域に分布している諏訪社もみられるほか、西日本には「おくんち」の祭礼で著名な長崎の諏訪神社などもある。諏訪社の分布については、鎌倉時代に信濃国の守護であった北条氏の影響があり、北条氏が関係する所領に諏訪社が勧請されて信仰が拡大していったことも大きいと考えられている。

諏訪神社は、上下社の四宮ともに他の神社にあるような本殿がなく、御神体は宝殿に祀られている。また、祭礼についても狩猟神としての信仰の一部が、上社で行われる御頭祭（鹿の頭を供える）に残されているほか、寅と申の年に八ヶ岳山麓より樅の巨木を伐り出して運搬し、上下社の境内それぞれ四か所に立てる御柱祭《おんばしらさい》、御射山《みさやま》神事をはじめとして特殊な祭典が多い。

祇園《ぎおん》信仰（天王《てんのう》信仰）

祇園信仰の中心となる京都市東山区に鎮座する八坂神社は、素戔嗚尊《すさのおのみこと》、八柱御子神《やはしらのみこがみ》を祀る社である。

御鎮座の時期には諸説あるが、貞観年間頃に八坂郷に鎮座したとされ、疫病除けの霊験から朝野の信仰を集めた。とくに祇園御霊会《ごりょうえ》と呼ばれる祭りは、貞観十一（八六九）年に疫病が流行した際に六十六本の鉾を奉り御霊を鎮めたのが最初とされ、室町時代になると山鉾の巡行が開始された。祇園御霊会は天変地異や疫病の流行を促すと恐れられた怨霊の祟りを鎮めるための祭りと考えられており、歴史的には、現在の京都の三大祭の一つ、京の夏の風物詩としても知られる祇園祭につながる祭りである。

八坂神社に祀られる素戔嗚尊は、神仏習合の時代には、インドの祇園精舎の守護神とも、新羅《しらぎ》の牛頭山の神とも考えられていた牛頭天王と同一視されていた。この牛頭天王を祀る社であることから祇園社、祇園天神と呼ばれる。

祇園さんとよばれる八坂神社の神が、疫病除けの神として知られる一つに貴神巡幸説話として知られる『備後国風土記』逸文がある。この逸文には、北海の武塔神《むとうしん》が南海の神の娘を娶るために旅に出たところ、旅の途中で宿を借りることとなり、その折に蘇民将来《そみんしょうらい》と巨旦《こたん》将来という兄弟に出会った。双方の家に立ち寄り、宿を求めたところ、裕福な家に住む弟の巨旦将来は物惜しみして宿を貸さなかった一方、兄の蘇民将来は貧しかったものの、粟のむしろに粟飯でもてなしたところ、武塔神は蘇民将来から受けたその恩に感謝し茅の輪を授け、一族に茅の輪を腰に付けるようにと指示して去っていった。のちに武塔神は恩を受けた蘇民将来の子孫以外ことごとく滅ぼし、我は素戔嗚尊であると称したと記されている。この逸文に見られるように、素戔嗚尊（牛頭天王）は強い神威を持つ神であり、その神の持つ神威ゆえに平安時代以降、疫病や怨霊のたたりをも斥け祓いやる霊験があると信仰が広がるに至った。なお、八坂神社にも蘇民社が祀られている。

また、愛知県には素戔嗚尊を主祭神として祀る津島神社が鎮座している。同社はかつて津島牛頭天王社と称しており、「天王さま」の名でも親しまれているが、夏には疫神送りの行事を持つ天王祭が行われている。天王祭は、山鉾で著名な祇園祭に対して、豪壮なだんじり船の出る夏の祭りとしても知られており、東海地域では津島神社を中心に天王信仰（津島信仰）が広がっている。なお、関東には氷川神社や八雲神社、須賀神社など素戔嗚尊を祀る社が広く分布している。

天神《てんじん》信仰

天神信仰は、現在では学問の神として著名な歴史上の功臣、「菅公」とも呼ばれる菅原道真《すがわらのみちざね》を神として祀る信仰である。菅原道真は、学者出身ながらも宇多天皇の信任が篤く右大臣にまで昇進し、『類聚国史《るいじゅこくし》』の作成や遣唐使の廃止を建言するなど卓越した政治手腕を発揮した政治家であった。しかしながら政敵であった藤原時平の讒言《ざんげん》により、左遷されて大宰府に配流。無念にも延喜三（九〇三）年大宰府の地に薨じた。無実の罪で死することになった道真への同情が京の人々に高まるなかで、京では落雷が相次ぎ、藤原時平の周辺にも異変が相次いだことから、人々は当時流行していた御霊信仰になぞらえて、この信仰を背景に道真の霊は雷神となって京に戻ったと考えるようになり、雷による災厄は道真公の怨霊（御霊）の祟り、所業であると懼《おそ》れられるようになった。そのため、道真の死没から二十年後に朝廷は道真の官位を復して正二位を与え、火雷天神《からいてんじん》の号を与えた。

その後、天慶五（九四二）年七月に京の多治比文子《たじひのあやこ》に対して「神殿を右近馬場に造れ、我今天神の号を得て鎮国の思あり、故に彼処に住まん」との神託があったことから、道真の小詞を設けて祀ったものの祟りは止まず、天暦元（九四七）年六月に北野に社殿を造営し、さらに天徳三（九五九）年に社殿を増築して神宝を奉ったのが現在の北野天満宮の創祀である。これに対して太宰府天満宮は、道真終焉の地に祀られた菅公の聖廟ともいうべき宮である。延喜三年二月二十五日に大宰府の地に薨じた道真の遺骸が大宰府の安楽寺に埋葬しようとしたところ、その葬送の牛車が寺の門前で全く動かなくなったことから、その寺の境内に神殿を設けて道真の廟所とした。さらに醍醐天皇の勅命により社殿が造営され、安楽寺廟、菅公聖廟などの名称でも呼ばれていたが正暦元（九九〇）年頃から天満宮の社号を用いるようになったとされる。これが太宰府天満宮の創祀である。

こうした経緯から天神信仰は雷神信仰ともかかわりが深く、天神といえば道真公を指すこととなった。また、菅公の遺徳を偲ぶとともに特に和歌や文筆に親しんだことから天神を学問の神、あるいは讒言がもとで亡くなったことから偽りを正す神としての神徳が付加され、現代では受験生の守り神のような存在となっている。

全国各地の天満宮、天神社、天神宮、菅原神社など天神信仰の中心となるのは、前述した京都の北野天満宮、福岡の太宰府天満宮である。永延元（九八七）年の宣命に「北野爾坐天満宮天神」とあり、北野天神、北野聖廟、大政威徳天神、天満大自在天神などとも呼ばれた。なお、大阪の天満宮で夏に行われる天神祭は、歴史が古く流麗豪壮な大規模祭礼として知られ、東京の神田祭、京都の祇園祭とならぶ日本三大祭りの一つと称されるほど著名な祭りである。東京の湯島天満宮や亀戸天神社、大阪の道明寺天満宮や山口の防府天満宮なども著名な天神さんである。

熊野《くまの》信仰

熊野信仰は、和歌山県田辺市に鎮座し、「本宮」とも呼ばれる熊野本宮大社と、同じく新宮市に鎮座し、「新宮」と呼ばれる熊野速玉大社、同じく那智勝浦町に鎮座し、熊野那智大社の三社を中心として全国各地に鎮座する熊野神社の信仰である。三社を称して「熊野神社」あるいは「熊野三山」と称する。熊野の地名のある東紀州（三重県南部）から三社の鎮座する南紀州（和歌山県東南部）にかけては、まさに古代より他界への入り口とする山中他界思想の聖地と考えられており、『日本書紀』神代上に登場する伊弉冉尊《いざなみのみこと》の葬地も東紀州の熊野の有馬（現在の三重県熊野市）と呼ばれる地にある花《はな》窟《いわ》神社とされている。

本宮は、明治二十二（一八八九）年まで熊野川の中州にあったが、同年の大洪水で社殿が流失して以降、現在の熊野川を遡った山中に鎮座している。本宮の主祭神は家津御子大神以下十三柱、新宮は熊野速玉大神以下十二柱、那智大社は家津御子大神《けつみこのおおかみ》、熊野速玉大神。熊野夫須美《ふすみ》大神以下十七柱である。新宮は熊野川の河口近くに鎮座し、付近に熊野大神が天降ったとされる巨大な磐座を祀る神倉神社がある。また那智大社は那智山に鎮座しているが、神社の裏手に那智の滝があり、滝をご神体とする飛瀧神社が祀られている。

海と山に囲まれ、神秘的な自然景観をみせる地勢的な要因も相俟って、熊野は古くから修験の行場としても知られており、修験者の聖地の一つでもあった。平安時代から鎌倉時代にかけて神仏習合の関係で神道の常世国の信仰に加え、熊野を観音の浄土、阿弥陀如来の浄土とする信仰が加わったこともあり、極楽浄土への憧れが朝廷の間で湧き上がるようになったほか、熊野御師《おし》、先達、山伏と呼ばれる布教者らによって三山登拝の案内や祈禱儀礼などがなされたこともあり、独特の信仰が発展した。さらには中世には熊野比丘尼と呼ばれ、勧進を行う女性の宗教者も登場して御師らとともに熊野信仰を広め、各地に熊野神社が勧請された。また宇多上皇を嚆矢《こうし》として、花山天皇、白河上皇や鳥羽上皇、後白河上皇、後鳥羽上皇ら天皇の参詣行幸も相次いだことから中世にかけて「蟻の熊野詣」と呼ばれるほどに貴族庶民層に至るまで熊野三山への参詣が流行し、熊野までの道沿いには王子社と呼ばれる分祠が設けられ、九十九王子と呼ばれるほどであった。また、熊野の神札である牛王宝印《ごおうほういん》が武士の間で崇敬され、起請文を書くためにも用いられた。

近年の学術研究によって熊野神社は主に東日本に分布していることが明らかとなっているが、これは海と険しい山に囲まれた南紀州という、陸上よりもむしろ海上での交通が至便であったという地勢的な面での影響が指摘されるとともに、文永十一（一二七四）年に熊野本宮に参籠して神託を受けたとされる一遍ら浄土信仰を説いた時宗《じしゅう》の影響や、羽黒修験、日光修験などの修験者との関係も大きいと考えられている。

白山《はくさん》信仰

白山信仰は、加賀、越前、飛騨、美濃の国境にまたがり聳える白山を神体山とする白山比咩《しらやまひめ》神社を総本宮として発達した信仰である。同社は白山の麓、石川県白山市（旧鶴来町）に鎮座し、白山の山上御前岳の頂上に同社の奥宮がある。同社の祭神は白山比咩大神（菊理媛命《くくりひめのかみ》）、伊邪那岐命、伊邪那美命の三神を祀る。神仏習合時代には、三神を阿弥陀如来、勢至菩薩、観音菩薩の垂迹《すいじゃく》として白山三所大権現とも称されたが、とくに菊理媛命は妙理大権現とも称された。菊理媛命は、『古事記』には見えない神だが、黄泉国の段で伊弉冉尊の代弁をした神として『日本書紀』や『先代旧事本紀』に登場する。

白山は、富士山、立山とともに日本三名山と呼ばれる山であるが、古くから霊峰、秀峰として知られる山であった。白山自体は、養老元（七一七）年に開山したと伝わる。白山は神仏習合の関係で比叡山延暦寺に白山神が勧請され、妙理大権現と称された菊理媛命が日吉神社の末社に加えられ、同社では客人宮と呼ばれた。

神仏習合の時代には、白山には三つの別当寺があったが、天長九（八三二）年に加賀、越前、美濃の三馬場（祭場）に登山道が開かれて、西口の加賀の馬場は神宮寺、南口の越前の馬場に平泉寺《へいせんじ》（現在の白山神社）、美濃の馬場が下山馬場と呼ばれ、長瀧寺がそれぞれ建てられ、多くの衆徒を抱えた。平安時代初期から中世にかけて白山修験の道場としても栄え、中世には源氏、北条氏など武士の信仰も篤く、とくに上洛の折に社領の寄進や願文を奉った木曾義仲の篤信が知られている。白山を望むことのできる北陸地方をはじめとして東海地方、甲信地方の一部に白山神社が広く分布する。

日吉《ひよし》信仰（山王信仰）

日吉信仰は、滋賀県大津市に鎮座する日吉大社を本社として発達した信仰である。東京で著名な千代田区永田町の日枝神社もこの日吉大社からの勧請社である。山王権現、日吉《ひえ》権現とも称し、ひえ＝日枝とされ、日枝神社と称する神社もある。主祭神は東殿に祀られる大山咋神《おおやまくいのかみ》（大山咋命）で、西殿には大物主大神《おおものぬしのおおかみ》（大己貴神《おおなむちのかみ》）を祀る。大山咋神は酒の神としても知られる京都の松尾大社の主祭神と同じ神で、『古事記』に「近淡海国《ちかつおうみのくに》の日枝山に坐す」とあるように元々、比叡山の地主神であった。延暦寺創建にあたって天台宗を開いた僧の最澄が大山咋神と三輪の大物主大神とを併せ祀り、延暦寺の鎮守神としたのが日吉大社の起源とされる。最澄の開いた天台宗では台密《たいみつ》とも呼ばれる特殊な秘法を行ったため、これが古くからの山岳信仰とも結びつき、神仏習合思想や比叡山の地位の高まりとともに朝廷、貴族や庶民の尊崇を得ていた。

別称でもある「山王」とは、中国の天台山の守護神の名に由来する語である。先に述べたように、大山咋神は『古事記』にも見えるように日枝山の地主神とされるが、一説によれば、日枝山は奥宮のある八王子山のことで、そこには古くから磐座があって一山が神体山となされており、日吉信仰の原点である東本宮の由来と考えられている（景山春樹『神体山』）。また、日吉大社は多くの末社を持ち、賀茂や春日、白山などの諸神を勧請したので山王七社ともいわれ、のちに中七社、上七社をあわせて山王二十一社とも呼称されていた。この日吉大社の神は天台宗の寺院を中心にして全国各地に勧請されたが、江戸の山王権現、山王日吉権現ともいわれる日枝神社は、徳川家の産土神、江戸城の裏鬼門を守る神として尊崇されたことから、天下祭とも称され、江戸城内に神輿の入ることのできる祭である「山王祭」は江戸の三大祭りの一つとして江戸市中の庶民に親しまれた。そうした経緯もあり、武家や庶民の信仰も広がり、同社から各地に分祀された社もみられる。比叡山との縁が深いことから、日吉大社やその勧請社では、山王鳥居（合掌鳥居）や日吉造など、鳥居や社殿の形式などにも仏教的な要素が含まれている。

宗像《むなかた》信仰と厳島《いつくしま》信仰

宗像信仰と厳島信仰は、中心となる神社はそれぞれ異なるが、主祭神として祀られている神が同じであるため、併せて紹介しておきたい。

『古事記』の天照大御神と須佐之男命の誓約の段にて天照大御神が、須佐之男命の剣を受け取って高天原の天真名井《あまのまない》の水を降り注いで清め、かみ砕いて霧の如く吹き出した際に登場した田心姫命《たごりひめのみこと》（多紀理毘売命／奥津島比売命）、湍津姫命《たぎつひめのみこと》（多岐都比売命／田寸津比売）、市杵島姫命《いちきしまひめのみこと》（市寸島比売命／狭依毘売命）の三神が「宗像三神（宗像三女神）」と呼ばれる神々である。なお、三神の神名や出生の順や宗像大社の第一宮から第三宮の祭神の当てはめについては記紀その他の古典でも異同がある。現在は諸説を総合して宗像大社では、三神を同社の沖津宮に田心姫命（＝玄界灘に浮かぶ沖ノ島）、中津宮に湍津姫命（＝海岸に近い大島）、辺津宮に市杵島姫命（＝陸地の田島）が祀られているとしている。

宗像の地は、古くから大陸と朝鮮半島と日本とをつなぐ海上交通の要衝であり、そのため宗像大社は海上航路の守護神として朝廷から篤い崇敬を受けてきた。そうした経緯などもあり、現在では交通安全の神としての御利益があるという信仰も広く伝わっている。なお、沖ノ島には古代の祭祀遺跡が発見され、「海の正倉院」と呼ばれるほどに多くの出土品が発掘され、国宝や重要文化財を数多く所蔵している。

次に厳島信仰についてであるが、日本三景としても著名な安芸《あき》（広島県）の宮島には厳島神社が鎮座する。同社もこの宗像三神を祀る社である。古くから神の住まう島と考えられた宮島は、「斎《いつ》く島（神を祀る神聖な島の意）」の意味にて厳島と呼ばれるようになっており、推古天皇元（五九三）年に佐伯鞍職《さえきくらもと》が神勅を受け、社殿を造営して宗像三神を現在地に勧請したのが同社の起源とされる。平安時代末には太政大臣として栄華を極めた平清盛が壮大な社殿を修造し、平家の守護神として崇敬したことはあまりにも著名で、以後平氏に限らず源頼朝や足利尊氏、義満、大内義隆、毛利元就、豊臣秀吉など戦国時代に至るまで多くの武将が崇敬し、江戸期になると浅野家の歴代藩主が社殿の修造に務めた。社殿前方の大鳥居も平清盛が奉納したのが最初とされる。なお祭神のうち、とくに市杵島姫命が神仏習合の進展に伴って娑竭羅《しゃから》竜王の娘、あるいは神功皇后の妹とも考えられたが、とくに室町時代以降に広まった福神信仰のなかでは福や財宝を授け、音楽や延寿の女神でもある弁財天（弁才天）と同神と考えられ、厳島神社は竹生島の宝厳寺と江島神社とともに日本三弁天の一つとしても知られるようになった。各地の弁天社は厳島神社から勧請されたとされるものが多い。

春日《かすが》信仰

春日信仰は、奈良市に鎮座する春日大社を中心とする信仰で、各地にある春日神社の総本社である。春日大社の御祭神は、武甕槌命《たけみかづちのみこと》、経津主命《ふつぬしのみこと》、天児屋根命《あめのこやねのみこと》、比売神であり、同社は藤原氏の氏神としても知られる社である。

武甕槌命は、常陸国（茨城県）の鹿島神宮の祭神で、同宮から神鹿に乗って迎えられた神とされる。記紀神話に登場する国譲りの際に建御名方神《たけみなかたのかみ》を屈伏させるなどの活躍をなした神である。経津主命は葦原中国《あしはらのなかつくに》の平定にあたり武甕槌命を従えて天孫降臨した神で、下総国（千葉県）の香取神宮に祀られる神である。天児屋根命は天照大神の天岩屋戸隠れの折に祝詞を奏して岩戸から大神が出ますことに尽力した神で河内国（大阪府）の枚岡神社からそれぞれ迎えたとされる。四柱の祭神のなかでも古くから天児屋根命は、その末裔が朝廷の神事に代々奉仕していた中臣氏であり、ゆえに中臣氏にとっては天児屋根命は祖神である。この中臣氏のうち、大化の改新の折に功績のあった中臣鎌足《なかとみのかまたり》が「藤原」の姓を天智天皇に賜り、この姓を用いたのが藤原氏の創始である。その藤原氏の一族のうち、平安期に入ると藤原北家の一族が天皇の外戚となり、藤原良房以降、摂政・関白を独占して権勢をふるい栄華を極めた摂関政治は歴史でも習う事柄だが、藤原道長の子孫は院政期以降も摂政・関白を独占したことから、武家政権となった後も公家社会のなかでは一定の影響力を持ち続けた。

神護景雲二（七六八）年に称徳天皇の勅命で社殿の造営が完成し、平安期に至ると春日大社は朝廷が深く崇敬する国家の神社としての性格を強めるようになる。官祭とされた春日祭は嘉祥三（八五〇）年から斎行され、この祭りは現在も京都の賀茂祭、石清水祭とともに三勅祭（勅祭＝天皇陛下が神社の例祭に直接勅使を遣わして幣物《へいもつ》を捧げ、祭文を奏上する慣わしのある祭のこと）の一つである。平安時代以降、春日大社は国家鎮護の奉幣祈願を捧げる二十二社の一社となった。さらには藤原氏の氏寺であった興福寺との神仏習合の関係もあり、中世以後は神人や僧兵が梛《なぎ》の木や榊《さかき》を奉じて強訴を行うなど春日社と興福寺はともに朝廷から怖れられる南都の宗教勢力であった。また、室町期から江戸期に至るまで吉田神道の勃興によって「三社託宣」と呼ばれる神徳を説く題目のなかに慈悲の象徴として「春日大明神」の名が記されたことにより、庶民の間に春日信仰が広まる契機ともなった。

同社は朝廷から深く崇敬を受けた関係から、古くから社領を全国各地に抱えており、そのため、各地に分社として勧請され、近畿から北陸にかけて多くの社が分布している。

愛宕《あたご》信仰と秋葉《あきば》信仰

愛宕信仰とは、京都市の西北、右京区嵯峨愛宕町に聳える京都市内で最も高い愛宕山（九百二十四メートル）の山頂に鎮座する愛宕神社を発祥とする神社信仰である。祭神は本宮が伊弉冉尊《いざなみのみこと》、埴山姫命《はにやまひめのみこと》、天熊人命《あまのくまひとのみこと》、稚産霊神《わくむすびのかみ》、豊受姫神、若宮が雷神、迦具槌命《かぐつちのみこと》、破无神《はむのかみ》。愛宕神社は、京都はもとより、関西では「愛宕さん」として親しまれており、東京タワーの近くにある愛宕神社（東京都港区）をはじめ、「愛宕」を社名に冠する社は全国に約九百社を数える。

『愛宕山神道縁起』や『山城名勝志』の「白雲寺縁起」によると、修験道の祖とされる役行者《えんのぎょうじゃ》と白山を開山した僧、泰澄和尚が、飛鳥時代末の大宝年間（七〇一〜七〇四）に、朝廷から許可を得て山頂に神祠を設けたのが愛宕神社の創祀と伝えられている。その後、奈良時代に入り、天応元年（七八一）に慶俊僧都が中興し、和気清麻呂《わけのきよまろ》によって山頂に白雲寺を建立し「愛宕大権現」と呼ばれるようになった。

同社は、山岳修験の霊場としても知られ、平安時代に入ると比叡山などと共に七高山の一つに数えられ、愛宕大権現の本地仏である勝軍地蔵が祀られていたほか、奥の院（現・若宮社）には愛宕山に住むとされた天狗、愛宕太郎坊なども祀られていた。また、神仏習合の関係から僧の住坊であった勝地院、教学院、大善院、威徳院、福寿院などが明治初年の神仏分離によって廃絶するまで存在していた。

中世には、勝軍地蔵が祀られていたことから、その名に験を担ぐ武将らが軍神として崇敬するようになった。とくに戦国時代には、天正十（一五八二）年五月二十七日に明智光秀が丹波亀山城を出て愛宕山に登り、山頂に一夜参籠して戦捷祈願をし、太郎坊で御籤《みくじ》を引いたが（『信長公記』）、併せて「愛宕百韻」と呼ばれる連歌会を同二十八日に境内の威徳院にて催した。この折に詠んだ「ときは今天が下しる五月哉」という発句が、六月二日の本能寺の変に繋がったとも伝えられている。

丹波と山城の国境にある愛宕山は、よく雷雲が出現する方角にあったことから、京都における火の神としての性格が形成され、古くから火伏の神、防火に霊験のある社として知られている。なお、火伏の神としての信仰は主に若宮に対してのものである。そのため、各地に民間信仰として愛宕講が組織され、火伏の神として神社へ参詣して「火廼要鎮《ひのようじん》」と書かれた火伏札と樒の枝を受ける習慣が現在でも受け継がれている。文化的な面では、上方落語の「いらちの愛宕詣り」なども著名。また、愛宕神社では八月一日に参詣すれば、千日参詣した御利益があるとされる「千日詣」の慣わしがある。

火伏の神としては、同様に静岡県の秋葉山本宮秋葉神社にも秋葉信仰とよばれる火伏鎮護の信仰があり、秋葉講が組織されている。同社の祭神は火の神として知られる火之迦具土大神《ひのかぐつちのおおかみ》で、社伝では和銅二（七〇九）年に創祀され、『日本三大実録』貞観十六（八七四）年五月に従五位下の神階を授けられた「岐気保神」にあたると考えられている。

遠州灘を一望できる地勢から、神仏習合が進むと中世には真言修験の霊場となり、戦国時代には武田信玄や徳川家康ら武将の篤い崇敬を受けた。江戸時代の貞享二（一六八五）年に神輿が村送りの形で江戸と京都に向けて渡御したことをきっかけに秋葉講が全国的に広まり、火伏の神として信仰され、秋葉社が著名となった。現在は電気街、地下アイドルの街としても著名な東京の秋葉原の地名も元々は秋葉神社に因むものである。

現在でも浜松周辺では、道沿いに秋葉講の灯籠があり、現代にまで信仰が継続していることを窺うことができる。現在では春の「火祭り」のほか、遠州灘に向かって立つ秋葉神社境内の金の鳥居も有名である。

あとがき

本書は、『佼成新聞』紙上に令和三年三月から令和五年四月までの二年余にわたって「共生へ―現代に伝える神道のこころ」と題した全二十五回の連載をもとに一書となしたものである。刊行にあたって本文を加筆修正の上、付録として神道に関する簡単なQ&Aとともに神社信仰についての解説を付した。まずは出版の機会を頂戴した佼成出版社に感謝申し上げるとともに、本書の発刊にあたり、もととなる二十五回にわたる連載を助力戴いた佼成出版社の栗山智敬氏と、本書の担当を戴いた黒神直也氏、そして書籍刊行を薦めてくださった共同通信社の西出勇志氏に心より御礼を申し上げたい。

現代社会は、日本や諸外国を問わず、地球温暖化やそれに伴って何十年に一度が毎年当たり前となった大規模な風水害、あるいは巨大地震など、日々の暮らしをも揺るがすような自然災害が多発している。それゆえ、今後、自然との穏やかな共存・共生をしてゆくためにも我々がいかなる考え方や行動を以て自然と接するかが問われている。それゆえに、古より自然の様々な事物を神と崇め、人々も自然の一部として捉えてきた神道の思想や信仰は、これからの社会においてより見直されていくものと思う。

本書にて現代社会における神道・神社の共生の姿を伝えられたとは到底思えないが、本書の刊行にあたってお世話になった方々に重ねて謹んで感謝を申し上げたい。今後も神社へ参詣しておのおのの幸せを希求する人々の素朴な心が、鳥居をくぐるかの如く、神々へと無事「通り入る」ようにと、心から乞い願う次第である。

本書の中軸ともいうべき「神道の多面的な価値」の重要性に気づかせてくれたのは、何よりも大学時代からお世話になっている恩師の櫻井治男先生と、令和三年四月十八日に逝去された、もう一人の恩師である阪本是丸先生である。両先生とのふとした会話やご教示のなかから、神道研究、神社研究の面白さ、神道のもつ共生・共存の考え方の奥深さを毎回のように知らされたことはいうまでもない。これからも恩師の教えに恥じぬよう、本書をさらなるきっかけとして、今後も引き続き、現代社会に息づく神道の考え方や日本文化との関わりを研究し続けてゆこうと思う。

令和五年十一月二十三日

國學院大學教授　藤本頼生

藤本頼生（ふじもと・よりお）

昭和49（1974）年、岡山県生まれ。國學院大學神道文化学部教授。國學院大學大学院文学研究科博士後期課程修了。博士（神道学）。平成23（2011）年に國學院大學神道文化学部専任講師、同26（2014）年に准教授となり、令和4（2022）年より現職。公益財団法人世界宗教者平和会議（WCRP/RfP）日本委員会平和研究所所員、一般財団法人神道文化会理事などを務める。主な著書に『神道と社会事業の近代史』（弘文堂）、『神社と神様がよ〜くわかる本』（秀和システム）、『明治維新と天皇・神社』（錦正社）など。

現代「神道」講座——寛容と共生のこころ

2024年2月29日　初版第1刷発行

著　者　藤本頼生
発行者　中沢純一
発行所　株式会社佼成出版社

〒166-8535　東京都杉並区和田2-7-1
電話　(03) 5385-2317（編集）
　　　(03) 5385-2323（販売）
URL　https://kosei-shuppan.co.jp/

印刷所　亜細亜印刷株式会社
製本所　株式会社若林製本工場

◎落丁本・乱丁本はお取り替えいたします。

ISBN978-4-333-02915-0　C0014　NDC171/260P/19cm